O LOUCO
Suas Parábolas e Poemas

O MENSAGEIRO

O ANDARILHO

Títulos originais: *The Madman, His Parables and Poems*
The Forerunner, His Parables and Poems
Rhe Wanderer, His Parables and His Sayings

copyright © Editora Lafonte Ltda. 2022

Todos os direitos reservados.
Nenhuma parte deste livro pode ser reproduzida por quaisquer meios existentes sem autorização por escrito dos editores.

Direção Editorial   *Ethel Santaella*

REALIZAÇÃO

GrandeUrsa Comunicação

Direção	*Denise Gianoglio*
Tradução	*Celina Vergara*
Revisão	*Diego Cardoso*
Capa, Projeto Gráfico e Diagramação	*Idée Arte e Comunicação*

```
Dados Internacionais de Catalogação na Publicação (CIP)
        (Câmara Brasileira do Livro, SP, Brasil)

  Gibran, Khalil
     O louco : suas parábolas e poemas ; O mensageiro ;
  O andarilho / Khalil Gibran ; tradução Celina
  Vergara. -- São Paulo : Lafonte, 2022.

     Título original: The madman, his parables and
  poems ; The forerunner, his parables and poems ;
  The wanderer, his parables and his sayings
     ISBN 978-65-5870-256-6

     1. Poesia libanesa I. Título. II. Título:
  O mensageiro. III. O Andarilho.

22-104439                                    CDD-892.71
```

Índices para catálogo sistemático:

1. Poesia : Literatura libanesa   L892.71

Cibele Maria Dias - Bibliotecária - CRB-8/9427

Editora Lafonte

Av. Profª Ida Kolb, 551, Casa Verde, CEP 02518-000, São Paulo-SP, Brasil – Tel.: (+55) 11 3855-2100
Atendimento ao leitor (+55) 11 3855-2216 / 11 3855-2213 – atendimento@editoralafonte.com.br
Venda de livros avulsos (+55) 11 3855-2216 – vendas@editoralafonte.com.br
Venda de livros no atacado (+55) 11 3855-2275 – atacado@escala.com.br

KHALIL GIBRAN

O LOUCO
Suas Parábolas e Poemas

O MENSAGEIRO

O ANDARILHO

Tradução
Celina Vergara

Brasil, 2022

Lafonte

SUMÁRIO

O LOUCO

DEUS 10
MEU AMIGO 11
O ESPANTALHO 13
OS SONÂMBULOS 14
O CÃO SÁBIO 15
OS DOIS EREMITAS 16
SOBRE DAR E RECEBER 17
OS SETE EGOS 18
GUERRA 20
A RAPOSA 21
O REI SÁBIO 22
AMBIÇÃO 23
O NOVO PRAZER 24
A OUTRA LÍNGUA 25
A ROMÃ 26
AS DUAS JAULAS 28
AS TRÊS FORMIGAS 28
O COVEIRO 29
NOS DEGRAUS DO TEMPLO 30
A CIDADE ABENÇOADA 30
O DEUS BOM E O DEUS MALIGNO 33
DERROTA 34
A NOITE E O LOUCO 36
ROSTOS 38
O GRANDE MAR 38
CRUCIFICADO 41
O ASTRÔNOMO 42
A GRANDE SAUDADE 43
DISSE UMA LÂMINA DE GRAMA 44
O OLHO 45
OS DOIS HOMENS INSTRUÍDOS 46
QUANDO MINHA TRISTEZA NASCEU 47
E QUANDO MINHA ALEGRIA NASCEU ... 49
O MUNDO PERFEITO 50

O MENSAGEIRO

O TOLO DE DEUS 56
O AMOR...................................60
O REI EREMITA............................61
A FILHA DO LEÃO 64
A TIRANIA 67
O SANTO 67
O PLUTOCRATA 69
O EU MAIOR...............................69
GUERRA E AS PEQUENAS NAÇÕES 71
CRÍTICOS.................................72
POETAS...................................73
O CATA-VENTO.............................74
O REI DE ARADUS 75
DO FUNDO DO MEU CORAÇÃO 75
DINASTIAS 77
AQUELES COM CONHECIMENTO E
AQUELES SEM CONHECIMENTO..........79
UMA FOLHA DE PAPEL BRANCO
COMO A NEVE..............................80
O ESTUDIOSO E O POETA 81
VALORES..................................83
OUTROS MARES 84
ARREPENDIMENTO 84
O HOMEM MORIBUNDO E O ABUTRE.....85
ALÉM DA MINHA SOLIDÃO 87
A ÚLTIMA VIGÍLIA 88

O ANDARILHO

O VESTUÁRIO 98	CONSTRUTORES DE PONTES 131
A ÁGUIA E A COTOVIA 99	O CAMPO DE ZAAD 132
A CANÇÃO DE AMOR 101	O CINTURÃO DE OURO 134
LÁGRIMAS E RISOS 102	A TERRA VERMELHA 135
A FEIRA 102	A LUA CHEIA 136
AS DUAS PRINCESAS 104	O PROFETA EREMITA 137
O CLARÃO DO RELÂMPAGO 105	O VINHO VELHO 138
O EREMITA E OS ANIMAIS 106	OS DOIS POEMAS 139
O PROFETA E A CRIANÇA 107	LADY RUTH 141
A PÉROLA 109	O RATO E O GATO 142
CORPO E ALMA 109	A MALDIÇÃO 143
O REI 110	AS ROMÃS 144
SOBRE A AREIA 114	DEUS E MUITOS DEUSES 144
OS TRÊS PRESENTES 115	ELA QUE ERA SURDA 146
PAZ E GUERRA 117	A BUSCA 148
A DANÇARINA 118	O CETRO 149
OS DOIS ANJOS DA GUARDA 119	O CAMINHO 150
A ESTÁTUA 121	A BALEIA E A BORBOLETA 152
A TROCA 122	A SOMBRA 153
AMOR E ÓDIO 123	PAZ CONTAGIOSA 153
SONHOS 124	SETENTA 155
O LOUCO 124	ENCONTRAR DEUS 155
AS RÃS 125	O RIO 156
LEIS E LEGISLAÇÃO 128	OS DOIS CAÇADORES 158
ONTEM, HOJE E AMANHÃ 129	O OUTRO VIAJANTE 159
O FILÓSOFO E O SAPATEIRO 130	

O LOUCO
Suas parábolas e poemas

Vocês me perguntam como me tornei um louco. Aconteceu desta maneira: um dia, muito tempo antes de muitos deuses nascerem, acordei de um sono profundo e descobri que todas as minhas máscaras haviam sido roubadas – as sete máscaras que fiz e usei em sete vidas –, corri sem máscara pelas ruas lotadas gritando: "Ladrões, ladrões, ladrões amaldiçoados".

Homens e mulheres riram de mim, e alguns correram para suas casas com medo.

E, quando cheguei ao mercado, um jovem que estava em pé no telhado de uma casa gritou: "Ele é louco". Olhei para cima para contemplá-lo; o sol tocou meu rosto nu pela primeira vez. Pela primeira vez, senti o sol beijando o meu rosto sem máscara, minha alma se inflamou de amor pelo sol, e eu não queria mais minhas máscaras. E, como se estivesse em transe, gritei: "Bem-aventurados e abençoados são os ladrões que roubaram minhas máscaras".

Assim me tornei um louco.

E encontrei tanto liberdade quanto segurança em minha loucura; a liberdade da solidão e a segurança de não ser compreendido, pois quem nos compreende escraviza algo em nós.

Mas não me deixem ficar muito orgulhoso da minha segurança. Até mesmo um ladrão em uma prisão está a salvo de outro ladrão.

Deus

Nos tempos antigos, quando as primeiras palavras vieram aos meus lábios, subi a montanha sagrada e falei com Deus, dizendo: "Mestre, sou teu escravo. Tua vontade oculta é minha lei, e eu te obedecerei para sempre".

Mas Deus não respondeu, e como uma poderosa tempestade foi embora.

Depois de mil anos, subi a montanha sagrada e novamente falei com Deus, dizendo: "Criador, eu sou tua criação. Do barro me formaste e a ti devo tudo".

E Deus não respondeu, e como mil asas velozes foi embora.

Depois de mil anos, subi a montanha sagrada e falei com Deus novamente, dizendo: "Pai, eu sou teu filho.

Com piedade e amor me deste à luz, e através do amor e da adoração herdarei o teu reino".

E Deus não respondeu, e como a névoa que cobre as colinas distantes ele foi embora.

E depois de mil anos, subi a montanha sagrada e novamente falei com Deus, dizendo: "Meu Deus, meu objetivo e minha realização. Eu sou teu ontem e tu és meu amanhã. Eu sou tua raiz na terra e tu és minha flor no céu, e juntos crescemos diante do sol".

Então Deus se inclinou sobre mim e em meus ouvidos sussurrou palavras de doçura, e, assim como o mar que envolve um riacho que desce até ele, ele me envolveu.

E quando desci aos vales e planícies, Deus também estava lá.

Meu amigo

Meu amigo, não sou o que pareço. A aparência é apenas uma vestimenta que uso – uma vestimenta tecida com cuidado, que me protege de teus questionamentos e a ti de minha negligência.

O "eu" em mim, meu amigo, mora na casa
do silêncio, e nela permanecerá para sempre,
imperceptível, inacessível.

Não quero que acredites no que digo, nem confies no
que faço, pois minhas palavras não são nada além de
teus próprios pensamentos em palavras, e minhas ações,
tuas próprias esperanças em ação.

Quando tu dizes, "O vento sopra para o leste", eu digo,
"Sim, ele sopra para o leste", pois não quero que saibas que
minha mente não se concentra no vento, mas no mar.

Tu não podes entender como navegam meus
pensamentos, nem eu quero que tu entendas. Prefiro
estar no mar sozinho.

Quando tu és dia, meu amigo, eu sou noite. Mas, mesmo
assim, falo do meio-dia que dança sobre as colinas e
da sombra púrpura que se esgueira pelo vale, pois tu
não podes ouvir as canções da minha escuridão, nem
ver minhas asas batendo contra as estrelas – e, de bom
grado, não quero que tu ouças ou vejas. Prefiro estar
sozinho com a noite.

Quando tu ascendes ao teu Céu, eu desço ao meu
Inferno – mesmo assim, me chamas através do abismo
intransponível, "Meu companheiro, meu camarada", e eu
te chamo de volta, "Meu camarada, meu companheiro" –
pois não quero que vejas meu Inferno. A chama queimaria

tua visão e a fumaça preencheria tuas narinas.
E eu amo muito meu Inferno para que tu o visites.
Prefiro estar sozinho no Inferno.

Tu amas a Verdade, a Beleza e a Retidão. Eu, por amor a ti, digo que amar essas coisas é bem adequado. Mas, no meu coração, dou risadas do teu amor. No entanto, não quero que tu vejas minha risada. Prefiro rir sozinho.

Meu amigo, tu és bom, cauteloso e sábio; ou melhor, tu és perfeito – e eu também me dirijo a ti com sabedoria e cautela. E, no entanto, sou louco. Mas disfarço minha loucura. Prefiro ser louco sozinho.

Meu amigo, tu não és meu amigo, mas, como te farei entender? Meu caminho não é o teu caminho, mas juntos caminhamos de mãos dadas.

O espantalho

Certa vez, disse a um espantalho: "Você deve estar cansado de ficar solitário neste campo".

E ele disse: "A alegria de assustar é profunda e duradoura, e nunca me canso disso".

Depois de um minuto de reflexão, falei: "É verdade, pois eu também conheci essa alegria".

Ele disse: "Somente aqueles que estão cheios de palha podem saber disso".

Então eu parti, sem saber se ele tinha me elogiado ou menosprezado.

Com o passar de um ano, o espantalho virou filósofo.

E quando passei por ele novamente, vi dois corvos construindo um ninho sob seu chapéu.

Os sonâmbulos

Na cidade onde nasci, viviam uma mulher e sua filha, que caminhavam durante o sono.

Uma noite, enquanto o silêncio envolvia o mundo, a mulher e sua filha, caminhando, mas adormecidas, se encontraram em seu jardim coberto de neblina.

E a mãe disse: "Finalmente, finalmente, meu inimigo! Você, que destruiu minha juventude, que construiu sua vida sobre as ruínas da minha! Eu poderia matá-la!".

E a filha disse: "Mulher odiosa, egoísta e velha! Que permanece entre mim e minha independência! Quem gostaria de ter a minha vida, que é um eco de sua vida apagada? Você poderia estar morta!".

Nesse momento, um galo cantou, e as duas mulheres acordaram. A mãe disse gentilmente: "É você, querida?". E a filha respondeu gentilmente: "Sim, querida".

O cão sábio

Certo dia, um cão sábio passou por um bando de gatos.

Quando se aproximou e percebeu que eles estavam muito determinados e não lhe deram atenção, parou.

Então, um grande e importante gato levantou-se no meio do bando, olhando para eles, e disse: "Irmãos, orem. E quando tiverdes rezado de novo e mais uma vez, sem de nada duvidar, verdadeiramente choverá ratos".

E quando o cão escutou isso, riu por dentro e se voltou para eles dizendo: "Ó gatos cegos e tolos, se não estivesse escrito e se eu não soubesse, nem meus antepassados soubessem, aquilo que chove por súplica, oração e fé não são ratos, mas ossos".

Os dois eremitas

Em uma montanha solitária, viviam dois eremitas que adoravam a Deus e se amavam mutuamente.

Esses dois eremitas tinham uma tigela de barro, e esta era sua única posse.

Um dia, um espírito maligno entrou no coração do eremita mais velho, e ele foi até o mais novo e disse: "Faz muito tempo que vivemos juntos. Chegou a hora de nos separarmos. Vamos dividir nossas posses".

Então o eremita mais jovem ficou triste e disse: "Entristece-me, irmão, que tu me deixes. Mas se tu precisas ir, que assim seja". E ele trouxe a tigela de barro e deu a ele dizendo: "Não podemos dividi-la, irmão, que seja tua".

Então o eremita mais velho disse: "Caridade, eu não vou aceitar. Não levarei nada além do que é meu. Deve ser dividida".

E o mais novo disse: "Se a tigela for quebrada, de que serviria para ti ou para mim? Se for do seu agrado, vamos lançar a sorte".

Mas o eremita mais velho disse novamente: "Eu terei apenas a justiça e nada além do que é meu, e não confiarei na justiça da sorte lançada ao acaso. A tigela deve ser dividida".

Então o eremita mais jovem não pôde mais raciocinar e disse: "Se for realmente a tua vontade, e se mesmo assim quiseres, quebremos agora a tigela".

Mas o rosto do eremita mais velho ficou extremamente escuro, e ele gritou: "Ó covarde amaldiçoado, tu não queres lutar".

Sobre dar e receber

Era uma vez um homem que tinha um vale cheio de agulhas. E um dia, a mãe de Jesus veio até ele e disse: "Amigo, a roupa do meu filho está rasgada, e eu preciso consertá-la antes que ele vá ao templo. Tu não poderias me dar uma agulha?".

E ele não lhe deu uma agulha, mas lhe deu um discurso erudito sobre Dar e Receber para levar ao filho antes que ele fosse ao templo.

Os sete
egos

Na hora mais silenciosa da noite, enquanto eu estava meio adormecido, meus sete egos sentaram-se juntos e assim conversaram em sussurros:

Primeiro Ego: Aqui, neste louco, morei todos esses anos, sem nada para fazer além de renovar sua dor de dia e recriar sua dor de noite. Não posso mais suportar meu destino, e agora me rebelo.

Segundo Ego: O seu é muito melhor do que o meu, irmão, pois tenho de ser o ego alegre desse louco. Eu rio sua risada e canto suas horas felizes, e com os pés com três asas eu danço seus pensamentos mais brilhantes. Sou eu que me rebelaria contra minha existência cansada.

Terceiro Ego: E quanto a mim, o ego dominado pelo amor, a marca flamejante da paixão selvagem e dos desejos fantásticos? Sou eu, o ego doente de amor, que me rebelaria contra esse louco.

Quarto Ego: Eu, entre todos vocês, sou o mais infeliz, pois nada me foi dado a não ser um ódio abominável e uma aversão destrutiva. Sou eu, o ego da tempestade, aquele nascido nas cavernas sombrias do Inferno, que protestaria contra servir a esse louco.

Quinto Ego: Não, sou eu, o ego pensante, o ego fantasioso, o ego da fome e da sede, aquele condenado a vagar sem descanso em busca de coisas desconhecidas e coisas ainda não criadas. Sou eu, não você, que se rebelaria.

Sexto Ego: E eu, o ego trabalhador, o trabalhador miserável, que, com mãos pacientes e olhos ansiosos, moldo os dias em imagens e dou aos elementos informes novas e eternas formas – sou eu, o solitário, que se rebelaria contra este louco inquieto.

Sétimo Ego: Que estranho seria que todos vocês se rebelassem contra este homem, porque cada um tem um destino predeterminado a cumprir. Ah!, eu poderia ser como um de vocês, um ego com muita determinação! Mas não tenho nenhuma, sou o ego que não faz nada, aquele que se senta no burro, sem ir a nenhum lugar e em nenhum momento, enquanto vocês estão ocupados recriando a vida. Vocês ou eu, quem deve se rebelar?

Quando o sétimo ego falou desse jeito, os outros seis egos olharam com pena para ele, mas não disseram mais nada; e, à medida que a noite se aprofundava, um após o outro adormecia envolto numa nova e feliz submissão.

Mas o sétimo ego permaneceu observando e contemplando o nada, que está por trás de todas as coisas.

Guerra

Certa noite, um banquete foi realizado no palácio, e surgiu um homem que se prostrou diante do príncipe, e todos os convidados olharam para ele e notaram que estava sem um de seus olhos e que a órbita vazia sangrava. E o príncipe perguntou a ele: "O que aconteceu com você?". E o homem respondeu: "Ó príncipe, sou ladrão de profissão, e esta noite, porque não havia lua, fui assaltar a loja do cambista e, ao entrar pela janela, cometi um erro e entrei na loja do tecelão, e no escuro corri para o tear do tecelão, e meu olho foi arrancado.

E agora, príncipe, peço justiça ao tecelão".

Então o príncipe mandou chamar o tecelão. E ele veio. E foi decretado que um de seus olhos fosse arrancado.

"Ó príncipe", disse o tecelão, "o decreto é justo. É certo que um de meus olhos seja tirado. Mas, infelizmente, ambos me são necessários para que eu possa ver os dois lados do pano que teço. Mas eu tenho um vizinho, um sapateiro, que também tem dois olhos, e em seu ofício os dois olhos não são necessários."

Então o príncipe mandou chamar o sapateiro. E ele veio. E tiraram um dos dois olhos do sapateiro.

E a justiça foi satisfeita.

A raposa

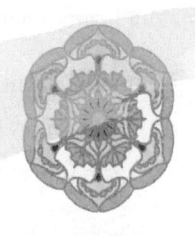

Uma raposa olhou para sua sombra ao nascer do sol e disse: "Vou almoçar um camelo hoje". E, durante toda a manhã, ela saiu à procura de camelos. Mas, ao meio-dia, quando viu sua sombra novamente, disse: "Um rato serve".

O rei
sábio

Há muito tempo, um rei que era poderoso e sábio governava a distante cidade de Wirani. Ele era temido por seu poder e amado por sua sabedoria.

No coração daquela cidade, havia um poço, cuja água era fresca e cristalina, da qual bebiam todos os habitantes, até o rei e seus cortesãos, pois era o único poço.

Uma noite, quando todos dormiam, uma bruxa entrou na cidade e derramou sete gotas de um líquido estranho no poço e disse: "A partir desta hora, quem beber desta água ficará louco".

Na manhã seguinte, todos os habitantes, exceto o rei e seu camareiro, beberam do poço e ficaram loucos, como a bruxa havia predito.

E, durante aquele dia, as pessoas nas ruas estreitas e nos mercados não fizeram nada além de sussurrar umas para as outras: "O rei está louco. Nosso rei e seu camareiro perderam a razão. Certamente não podemos ser governados por um rei louco. Devemos destroná-lo".

Naquela noite, o rei ordenou que uma taça de ouro fosse enchida com água do poço. E quando foi trazida a ele, bebeu muito e deu a seu camareiro.

E houve um grande regozijo naquela distante cidade de Wirani, porque seu rei e seu senhor camareiro haviam recuperado a razão.

Ambição

Três homens se encontravam em uma mesa de taverna. Um era tecelão, outro carpinteiro, e o terceiro lavrador.

Disse o tecelão: "Hoje vendi uma fina mortalha de linho por duas peças de ouro. Vamos tomar todo o vinho que quisermos".

"E eu", disse o carpinteiro, "vendi meu melhor caixão. Teremos um grande assado com vinho."

"Só abri uma cova", disse o lavrador, "mas meu patrão me pagou o dobro. Vamos comer bolos de mel também."

Durante toda aquela noite, a taverna ficou movimentada com clientes alegres que pediam vinho, carne e bolos com frequência.

O dono da taverna esfregou as mãos de contentamento e sorriu para a esposa, já que seus convidados estavam gastando à vontade.

Quando eles saíram, a lua estava alta, e eles caminharam pela estrada cantando e gritando juntos.

O anfitrião e sua esposa permaneceram à porta da taverna e zelaram por eles.

"Ah!", disse a esposa, "esses senhores! Tão generosos e tão alegres! Se ao menos eles pudessem nos trazer essa sorte todos os dias! Então nosso filho não precisaria ser taverneiro e trabalhar tanto. Poderíamos educá-lo e ele poderia se tornar um padre."

O novo
prazer

Ontem à noite, inventei um novo prazer e, quando o estava testando pela primeira vez, um anjo e um demônio vieram correndo em direção à minha casa. Eles se encontraram na minha porta e brigaram entre si pelo meu prazer recém-criado. Um gritava, "É um pecado!" – e o outro, "É uma virtude!".

A outra língua

Três dias depois de eu ter nascido, deitado em meu berço de seda, contemplando com espanto e desânimo o novo mundo ao meu redor, minha mãe falou com a ama de leite, dizendo: "Como vai o meu filho?".

E a ama de leite respondeu: "Ele está bem, madame, eu o alimentei três vezes; e nunca vi um bebê tão jovem tão feliz".

Eu estava indignado. Gritei: "Não é verdade, mamãe. Minha cama é dura, e o leite que mamei é amargo, e o odor do peito é fétido para minhas narinas, e estou muito infeliz".

Mas minha mãe não entendeu, nem a enfermeira, uma vez que a língua que eu falava era a do mundo de onde eu vinha.

E no vigésimo primeiro dia de minha vida, quando estava sendo batizado, o padre disse à minha mãe: "Você deve estar feliz, madame, que seu filho tenha nascido cristão".

Fiquei surpreso e disse ao padre: "Então sua mãe no céu deve estar infeliz, pois você não nasceu cristão".

Mas o padre também não entendia minha língua.

E depois de sete luas, um dia um adivinho olhou para mim e disse à minha mãe: "Seu filho será um estadista e um grande líder dos homens".

Mas eu gritei: "Esse é um falso profeta. Serei músico, e nada além de músico serei".

Mas, mesmo naquela idade, minha língua não era compreendida, e meu espanto foi grande.

E depois de trinta e três anos, durante os quais minha mãe, a enfermeira e o padre morreram (que a graça de Deus esteja em seus espíritos), o adivinho ainda vive. Ontem, eu o encontrei perto dos portões do templo. Enquanto conversávamos, ele disse: "Sempre soube que você se tornaria um grande músico. Mesmo em sua infância, eu profetizei e predisse seu futuro".

E eu acreditei nele, pois agora também esqueci a linguagem daquele outro mundo.

A romã

Certa vez, quando eu morava no centro de uma romã, ouvi uma semente dizendo: "Um dia me tornarei uma árvore, o vento cantará em meus galhos, o sol dançará em minhas folhas, e serei forte e linda em todas as estações".

Então outra semente falou: "Quando eu era tão jovem quanto você, também tinha essas opiniões. Mas, agora que posso pesar e medir as coisas, vejo que minhas esperanças foram vãs".

E uma terceira semente também falou: "Não vejo em nós nada que prometa um futuro tão grande".

E uma quarta disse: "Mas que zombaria seria nossa vida sem um futuro maior!".

Disse uma quinta: "Por que disputar o que seremos quando nem mesmo sabemos o que somos?".

Mas uma sexta respondeu: "O que quer que sejamos, continuaremos a ser".

E uma sétima disse: "Tenho uma ideia bem clara de como tudo será, mas não consigo colocar em palavras".

Então uma oitava falou – e uma nona – e uma décima – e depois muitas – até que todas estavam falando, e eu não conseguia distinguir nada pelas muitas vozes.

E assim, naquele mesmo dia, mudei-me para o coração de um marmelo, onde as sementes são poucas e quase silenciosas.

As duas
jaulas

No jardim do meu pai, há duas jaulas. Em uma está um leão, que os escravos de meu pai trouxeram do deserto de Ninavah. Na outra, um pardal que não canta.

Todos os dias, ao amanhecer, o pardal grita para o leão: "Bom dia para ti, irmão prisioneiro".

As três
formigas

Três formigas se encontraram no nariz de um homem que dormia ao sol. E depois de terem saudado umas às outras, cada uma de acordo com o costume de sua família, ficaram ali conversando.

A primeira formiga disse: "Estas colinas e planícies são as mais áridas que conheço. Eu procurei o dia todo por algum tipo de grão, e não há nenhum para ser encontrado".

Disse a segunda formiga: "Eu também não encontrei nada, embora tenha visitado todos os cantos e clareiras. Isto é, creio eu, o que minha família chama de terra macia e móvel onde nada cresce".

Então a terceira formiga levantou a cabeça e disse: "Meus amigos, estamos agora de pé sobre o nariz da Formiga Suprema, a formiga poderosa e infinita, cujo corpo é tão grande que não podemos vê-lo, cuja sombra é tão vasta que não podemos rastreá-la, cuja voz é tão alta que não podemos ouvi-la; e Ela é onipresente".

Quando a terceira formiga falou assim, as outras formigas se entreolharam e riram.

Nesse momento, o homem se mexeu e em seu sono levantou a mão, coçou o nariz, e as três formigas foram esmagadas.

O coveiro

Certa vez, quando eu estava enterrando um dos meus egos mortos, o coveiro apareceu e me disse: "De todos aqueles que vêm aqui para sepultar, você é o único de que eu gosto".

Eu disse: "Você me agrada muito,
mas por que gosta de mim?".

"Porque", disse ele, "eles vêm chorando e vão
chorando – você só vem rindo e vai embora rindo".

Nos degraus
do templo

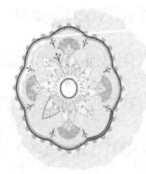

Ontem, nos degraus de mármore do Templo, vi
uma mulher sentada entre dois homens. Um lado
de seu rosto estava pálido, o outro estava corado.

A cidade
abençoada

Na minha juventude, disseram-me que em certa
cidade todos viviam de acordo com as Escrituras.

E eu disse: "Buscarei essa cidade e sua
bem-aventurança". Mas era longe. Fiz grandes
provisões para minha jornada. E depois de

quarenta dias, vi a cidade e, no
quadragésimo primeiro dia, entrei nela.

Mas, eis que todos os habitantes tinham um olho e
uma mão. Fiquei espantado e disse a mim mesmo:
"Será que os habitantes desta cidade tão santa têm
apenas um olho e uma mão?".

Então eu vi que eles também estavam surpresos,
pois estavam maravilhados com minhas duas
mãos e meus dois olhos. E enquanto conversavam,
perguntei-lhes, dizendo: "Esta é realmente a
Cidade Abençoada, onde cada homem vive de
acordo com as Escrituras?". E eles disseram:
"Sim, esta é a cidade".

"E o que", disse eu, "aconteceu com vocês, e onde
estão seus olhos direitos e suas mãos direitas?"

Todas as pessoas se comoveram.
E disseram: "Vem tu e vê".

E eles me levaram ao templo no meio da cidade.
E no templo vi um amontoado de mãos e olhos.
Todos atrofiados. Então disse: "Ai!, que conquistador
cometeu essa crueldade com vocês?".

Houve um murmúrio entre eles. E um de seus anciãos
se levantou e disse: "Essa ação fomos nós mesmos
que fizemos. Deus nos fez vencedores sobre o mal
que havia em nós".

E ele me levou a um altar-mor, e todo o povo o seguiu. Ele me mostrou acima do altar uma inscrição gravada, onde se lia:

"Se o teu olho direito te faz tropeçar, arranca-o e arremesse-o longe de ti, pois te convém que um dos teus membros sucumba, e não que todo o corpo seja lançado ao inferno. E se a tua mão direita te faz tropeçar, corta-a e arremesse-a longe de ti, porque te convém que se perca um dos teus membros, e não que todo o teu corpo seja lançado no inferno".

Então entendi. Virei-me para todo o povo e gritei: "Não tem nem um homem ou mulher entre vocês com dois olhos ou com duas mãos?".

Eles me responderam dizendo: "Não, nem um. Não há ninguém inteiro, exceto aqueles que ainda são jovens demais para ler as Escrituras e entender seu mandamento".

E quando saímos do templo, deixei imediatamente aquela Cidade Abençoada, pois não era muito jovem e sabia ler as Escrituras.

O Deus bom
e o Deus maligno

O Deus Bom e o Deus Maligno se encontraram no cume da montanha.

O Deus Bom disse: "Bom dia para você, irmão".

O Deus Maligno não respondeu.

E o Deus Bom disse: "Você está de mau humor hoje".

"Sim", disse o Deus Maligno, "pois ultimamente tenho sido muitas vezes confundido com você, chamado pelo seu nome e tratado como se fosse você, e isso me desagrada."

E o Deus Bom disse: "Mas eu também fui confundido com você e chamado pelo seu nome".

O Deus Maligno foi embora amaldiçoando a estupidez do homem.

Derrota

Derrota, minha Derrota, minha
solidão e meu distanciamento;

Você é mais cara a mim do que mil triunfos,

E mais doce para o meu coração do que toda a
glória do mundo.

Derrota, minha Derrota, meu
autoconhecimento e meu desafio,

Através de você sei que ainda sou jovem e veloz,

E não sou apanhado por louros
que estão murchando,

E em você encontrei a solidão,

E a alegria de ser evitado e desprezado.

Derrota, minha Derrota, minha
espada e escudo brilhantes,

Em seus olhos eu li

Que ser entronizado é ser escravizado,

E ser compreendido é ser nivelado,

E ser agarrado é apenas alcançar a plenitude

E ser como um fruto maduro para
cair e ser consumido.

Derrota, minha Derrota,
minha corajosa companheira,

Você ouvirá minhas canções, meus
gritos e meus silêncios,

E ninguém, além de você, deverá falar comigo
do bater de asas,

E da insistência dos mares,

E das montanhas que queimam na noite,

E só você deverá escalar minha alma
íngreme e rochosa.

Derrota, minha Derrota, minha coragem imortal,

Você e eu vamos rir juntos com a tempestade,

E juntos cavaremos sepulturas para todos os que
morrerem em nós,

E ficaremos ao sol com vontade,

E seremos perigosos.

A noite
e o louco

"Sou como tu, ó Noite, escura e nua. Ando no caminho flamejante que está acima dos meus devaneios, e sempre que meu pé toca a terra, um carvalho gigante surge."

"Não, tu não és como eu, ó Louco, pois ainda olhas para trás para ver quão grande é a pegada que deixas na areia."

"Sou como tu, ó Noite, silenciosa e profunda. No coração da minha solidão jaz uma Deusa no leito de uma criança; e naquele que está nascendo o Céu toca o Inferno".

"Não, tu não és como eu, ó Louco, pois ainda estremeces diante da dor, e a canção do abismo te aterroriza."

"Sou como tu, ó Noite, selvagem e terrível. Meus ouvidos estão cheios de gritos de nações conquistadas e suspiros por terras esquecidas."

"Não, tu não és como eu, ó Louco, pois ainda consideras teu pequeno eu como um camarada, e com teu próprio monstro não podes ser amigo."

"Sou como tu, ó Noite, cruel e terrível. Meu peito está iluminado por navios em chamas no mar, e meus lábios estão molhados com sangue de guerreiros mortos."

"Não, tu não és como eu, ó Louco; pois o desejo de uma irmã de espírito ainda está em ti, e tu não ficaste sozinho contigo mesmo."

"Sou como tu, ó Noite, alegre e feliz, porque aquele que habita à minha sombra já está embriagado com vinho puro, e aquele que me segue está pecando alegremente."

"Não, tu não és como eu, ó Louco, pois sua alma está envolta no véu de sete dobras e tu não seguras teu coração na mão."

"Sou como tu, ó Noite, paciente e apaixonado, pois em meu peito mil amantes mortas estão enterradas em mortalhas de beijos ressecados."

"Sim, Louco, tu és como eu? Tu és como eu? E tu podes montar a tempestade como um corcel, e agarrar o relâmpago como uma espada?"

"Como tu, ó, Noite, como tu, poderosa e alta, meu trono é construído sobre pilhas de deuses caídos. Diante de mim também passam os dias para beijar a bainha da minha roupa, mas nunca para olhar no meu rosto."

"És tu como eu, filho do meu coração mais sombrio? E tu pensas meus pensamentos indomáveis e falas minha vasta língua?"

"Sim, somos irmãos gêmeos, ó Noite; pois tu revelas o espaço e eu revelo minha alma."

Rostos

Vi um rosto com mil faces, e um rosto que não passava de uma única face, como se estivesse em um molde.

Vi um rosto cujo brilho deixava transparecer a feiura por trás, e um rosto cujo brilho tive de erguer para ver como era bonito.

Vi um rosto velho muito marcado com nada, e um rosto liso no qual todas as coisas foram esculpidas.

Conheço rostos, porque olho através do tecido que meus próprios olhos tecem e contemplo a realidade por baixo.

O grande
mar

Minha alma e eu fomos tomar banho no mar grande. E quando chegamos à praia, saímos à procura de um lugar escondido e solitário.

Mas, enquanto caminhávamos, vimos um homem sentado em uma pedra cinza tirando pitadas de sal de uma sacola e jogando-as no mar.

"Este é o pessimista", disse minha alma, "vamos deixar este lugar. Não podemos tomar banho aqui."

Caminhamos até chegarmos a uma enseada. Ali vimos, de pé sobre uma pedra branca, um homem segurando uma caixa cravejada de joias, da qual tirou açúcar e jogou no mar.

"E este é o otimista", disse minha alma, "e ele também não deve ver nossos corpos nus."

Caminhamos mais adiante. E em uma praia, vimos um homem pegando peixes mortos e colocando-os com ternura de volta na água.

"Não podemos tomar banho diante dele", disse minha alma. "Ele é o filantropo humano."

E nós continuamos.

Então chegamos a um lugar onde vimos um homem traçando sua sombra na areia. Grandes ondas vieram e a apagaram. Mas ele continuou desenhando o tempo inteiro.

"Ele é o místico", disse minha alma, "vamos deixá-lo".

E continuamos andando, até que, em uma enseada silenciosa, vimos um homem pegando a espuma do mar e colocando-a em uma tigela de alabastro.

"Ele é o idealista", disse minha alma, "certamente não deve ver nossa nudez."

E caminhamos. De repente, ouvimos uma voz clamando: "Este é o mar. Este é o mar profundo. Este é o vasto e poderoso mar". E quando alcançamos a voz, era um homem de costas para o mar, e ao ouvido segurava uma concha, ouvindo seu murmúrio.

E minha alma disse: "Vamos passar. Ele é o realista, que dá as costas a tudo que não consegue compreender e se ocupa com um fragmento".

Então nós passamos. E, em um lugar cheio de ervas daninhas entre as rochas, estava um homem com a cabeça enterrada na areia. E eu disse à minha alma: "Podemos tomar banho aqui, pois ele não pode nos ver".

"Não", disse minha alma, "pois ele é o mais mortal de todos eles. Ele é o puritano."

Então uma grande tristeza tomou conta da minha alma e de sua voz.

"Vamos embora", disse ela, "pois não há lugar solitário e escondido onde possamos nos banhar. Eu não gostaria que este vento levantasse meus cabelos dourados, ou que desnudasse meu peito branco, ou que deixasse a luz revelar minha nudez sagrada."

Então deixamos aquele mar para buscar o Grande Mar.

Crucificado

Gritei para os homens: "Eu seria crucificado!".

E eles disseram: "Por que seu sangue deveria estar sobre nossas cabeças?".

Respondi: "De que outra forma você será glorificado, exceto por loucos que crucificam?".

Eles atenderam e fui crucificado.
E a crucificação me apaziguou.

Quando eu estava pendurado entre a terra e o céu, eles levantaram a cabeça para me ver. E foram glorificados, pois suas cabeças nunca haviam sido levantadas.

Mas, enquanto eles estavam olhando para mim, um gritou: "Por que tu estás procurando se redimir?".

E outro gritou: "Por que motivo te sacrificas?".

E um terceiro disse: "Tu pensas que com esse preço poderá comprar a glória mundial?".

Então disse um quarto: "Olhem como ele sorri!
Essa dor pode ser perdoada?".

Respondi a todos eles dizendo:

"Lembrem-se apenas que eu sorri. Eu não me redimo, nem me sacrifico, nem desejo a glória;

e não tenho nada para perdoar. Tive sede – e
implorei para que me dessem meu sangue para
beber. Pois o que pode saciar a sede de um
louco, além de seu próprio sangue? Fui burro –
e pedi comida para vocês. Fui aprisionado em
seus dias e noites – e procurei uma porta para
dias e noites maiores.

"E agora vou – como outros já crucificados foram.
E não pense que estamos cansados de crucificação.
Pois devemos ser crucificados por homens cada vez
maiores, entre terras maiores e céus maiores".

O astrônomo

Na sombra do templo, meu amigo e eu vimos um cego
sentado sozinho. E meu amigo disse: "Eis o homem mais
sábio de nossa terra".

Então deixei meu amigo, me aproximei do cego e
o cumprimentei. Conversamos.

Depois de um tempo, disse: "Perdoe minha
pergunta; mas desde quando você é cego?".

"Desde o meu nascimento", respondeu ele.

Eu disse: "E que caminho de sabedoria segues?".

Ele disse: "Sou um astrônomo".

Então ele colocou a mão sobre o peito, dizendo: "Eu observo todos esses sóis, luas e estrelas".

A grande saudade

Estou aqui sentado entre minha irmã, a montanha, e meu irmão, o mar.

Nós três somos um na solidão, e o amor que nos une é profundo, forte e estranho. É mais profundo que a profundidade de meu irmão e mais forte que a força de minha irmã, e mais estranho que a estranheza de minha loucura.

Séculos e séculos se passaram desde que a primeira aurora cinzenta nos tornou visíveis um para o outro; e, embora tenhamos visto o nascimento, a plenitude e a morte de muitos mundos, ainda somos ávidos e jovens.

Somos jovens e ávidos e, no entanto, não temos
companheiros e não somos visitados, e apesar de
estarmos em um abraço ininterrupto, não nos
sentimos confortados. E que conforto há para
o desejo controlado e a paixão não gasta? De
onde virá o deus flamejante para aquecer a cama
de meu irmão? E que enxurrada apagará o fogo
de minha irmã? E quem é a mulher que deve
comandar meu coração?

Na quietude da noite, meu irmão murmura em
seu sono o nome desconhecido do deus do fogo, e
minha irmã chama de longe a deusa fria e distante.
Mas, a quem chamo em meu sono, não sei.

Aqui estou sentado entre minha irmã, a montanha,
e meu irmão, o mar. Nós três somos um na solidão,
e o amor que nos une é profundo, forte e estranho.

Disse uma
lâmina de grama

Uma lâmina de grama disse para uma folha de
outono: "Você faz tanto barulho quando cai!
Você dispersa todos os meus sonhos de inverno".

Disse a folha, indignada: "Nascida humilde e de baixa moradia! Coisa sem música, rabugenta! Não vive no alto e não pode distinguir o som do canto".

Então a folha de outono deitou-se sobre a terra e dormiu. E quando a primavera chegou, acordou de novo. Era uma folha de grama.

E quando era outono e ela estava em seu sono de inverno, e acima dela as folhas caíam por todo lado, ela murmurou para si mesma: "Oh, essas folhas de outono! Elas fazem tanto barulho! Elas dispersam todos os meus sonhos de inverno".

O olho

Um dia, o Olho disse: "Vejo além destes vales uma montanha velada com névoa azul. Não é lindo?".

O Ouvido escutou e, depois de escutar atentamente por algum tempo, disse: "Mas onde está a montanha? Eu não ouço".

Então a Mão falou e disse: "Estou tentando em vão senti-la ou tocá-la, e não consigo encontrar nenhuma montanha".

E o Nariz disse: "Não há montanha, não consigo cheirá-la".

Então o Olho virou-se para o outro lado, e todos começaram a falar juntos sobre a estranha ilusão do Olho. Então concluíram: "Algo deve estar acontecendo com o Olho".

Os dois
homens instruídos

Era uma vez dois homens instruídos, que viviam na antiga cidade de Afkar, que se odiavam e menosprezavam o conhecimento um do outro. Um deles negava a existência dos deuses, e o outro era crente.

Um dia, os dois se encontraram no mercado e, entre seus seguidores, começaram a disputar e discutir sobre a existência ou não dos deuses. E depois de horas de contenda, eles se separaram.

Naquela noite, o incrédulo foi ao templo e se prostrou diante do altar e orou aos deuses para perdoar seu passado rebelde.

E, na mesma hora, o outro homem instruído, aquele que havia defendido os deuses, queimou seus livros sagrados. Pois ele se tornou um incrédulo.

Quando minha
tristeza nasceu

Quando minha Tristeza nasceu, acalantei-a com cuidado e cuidei dela com ternura amorosa.

E minha Tristeza cresceu como todas as coisas vivas, fortes, belas e cheias de maravilhas.

E nós nos amávamos, minha Tristeza e eu, e amávamos o mundo ao nosso redor, uma vez que a Tristeza tinha um coração bondoso e o meu era bondoso com a Tristeza.

E quando conversávamos, minha Tristeza e eu, nossos dias eram improvisados e nossas noites cingidas de sonhos, já que a Tristeza tinha uma língua eloquente, e a minha era eloquente com a Tristeza.

E quando cantávamos juntos, minha
Tristeza e eu, nossos vizinhos se sentavam
em suas janelas e ouviam, pois nossas
canções eram profundas como o mar
e nossas melodias estavam cheias
de memórias estranhas.

E quando caminhávamos juntos, minha
Tristeza e eu, as pessoas olhavam para nós
com olhos gentis e sussurravam palavras de
extrema doçura. E havia quem nos olhasse
com inveja, pois a Tristeza era uma coisa
nobre, e eu estava orgulhoso com a Tristeza.

Mas minha Tristeza morreu, como todas
as coisas vivas, e fiquei sozinho para
meditar e ponderar.

E agora, quando falo, minhas palavras caem
pesadas em meus ouvidos.

E quando canto minhas músicas, meus
vizinhos não vêm ouvir.

E quando ando pelas ruas, ninguém
olha para mim.

Somente em meu sono ouço vozes dizendo
com pena: "Veja, ali jaz o homem cuja
Tristeza está morta".

E quando minha alegria nasceu

Quando minha Alegria nasceu, eu a segurei em meus braços e fiquei no telhado da casa gritando: "Venham, meus vizinhos, venham e vejam, pois neste dia a Alegria nasceu para mim. Venham e vejam esta coisa alegre que ri ao sol".

Mas nenhum dos meus vizinhos veio ver minha Alegria, e meu espanto foi grande.

E todos os dias, durante sete luas, eu proclamei minha Alegria do alto da casa – e ainda assim ninguém me dava atenção. E minha Alegria e eu estávamos sozinhos, não fomos procurados e nem visitados.

Então minha Alegria tornou-se sem vida e cansada, porque nenhum outro coração além do meu mantinha seu encanto e nenhum outro lábio beijou seus lábios.

Então minha Alegria morreu de isolamento.

E agora só me lembro de minha Alegria morta ao lembrar de minha Tristeza morta. Mas a memória é uma folha de outono, que murmura um pouco ao vento e depois não se ouve mais.

O mundo
perfeito

Deus das almas perdidas, tu que estás perdido
entre os deuses, ouve-me:

Gentil Destino que nos vigia, espíritos loucos e
errantes, ouçam-me:

Eu moro no meio de uma raça perfeita,
eu, o mais imperfeito.

Eu, um caos humano, uma nuvem de elementos confusos,
me movimento entre mundos acabados – povos de
leis completas e pura ordem, cujos pensamentos são
variados, cujos sonhos são organizados e cujas visões são
recrutadas e registradas.

Suas virtudes, ó Deus, são medidas, seus pecados são
pesados, e até mesmo as incontáveis coisas que passam
no crepúsculo que não são nem pecado nem virtude são
registradas e catalogadas.

Aqui, os dias e as noites são divididos em
estações de conduta e governados por regras
de exatidão irrepreensível.

Comer, beber, dormir, cobrir a nudez e depois se cansar
no devido tempo.

Trabalhar, brincar, cantar, dançar e depois ficar quieto quando o relógio bater a hora.

Pensar assim, sentir tanto assim, e então deixar de pensar e sentir quando uma certa estrela se eleva além do horizonte.

Roubar um vizinho com um sorriso, dar presentes com um aceno gracioso de mão, elogiar com prudência, censurar com cautela, destruir um som com uma palavra, queimar um corpo com um sopro e depois lavar as mãos quando o trabalho do dia está feito.

Amar de acordo com uma ordem estabelecida, entreter alguém de maneira preconcebida, adorar os deuses comodamente, intrigar os demônios com astúcia – e depois esquecer tudo, como se a memória estivesse morta.

Devanear com um motivo, contemplar com consideração, ser feliz docemente, sofrer nobremente – e depois esvaziar o copo para que amanhã possa enchê-lo novamente.

Todas essas coisas, ó Deus, são concebidas com premeditação, nascidas com determinação, nutridas com exatidão, governadas por regras, dirigidas pela razão, e então mortas e enterradas segundo um

método prescrito. E mesmo seus túmulos
silenciosos, que se encontram dentro da alma
humana, são marcados e numerados.

É um mundo perfeito, um mundo de
excelência consumada, um mundo
de maravilhas supremas, o fruto mais
maduro do jardim de Deus, o pensamento
mestre do universo.

Mas por que deveria estar aqui, ó Deus,
eu, uma semente verde de uma paixão não
cumprida, uma tempestade louca que não
busca nem leste nem oeste, um fragmento
confuso de um planeta queimado?

Por que estou aqui, ó Deus das
almas perdidas, tu que estás
perdido entre os deuses?

O MENSAGEIRO

Suas parábolas e poemas

"Ele é o William Blake do século XX."

—AUGUSTO RODIN

Você é seu próprio mensageiro, e as torres que construiu são apenas a base do seu ego gigante. E este EU também será um alicerce.

Sou meu próprio mensageiro também, pois a longa sombra que se estende diante de mim ao nascer do sol se reunirá sob meus pés ao meio-dia. Porém, outro amanhecer colocará outra sombra diante de mim, e essa também será recolhida ao meio-dia.

Sempre fomos nossos próprios mensageiros, e sempre seremos. Tudo o que já colhemos e colheremos será apenas sementes para campos ainda não arados. Somos os campos e os lavradores, os colhedores e os colhidos.

Quando você era um desejo errante na névoa, eu também estava lá, um desejo errante. Então nós nos buscamos e de nosso anseio nasceram os sonhos. E os sonhos eram ilimitados no tempo, e os sonhos eram espaço sem medida.

E quando você era uma palavra silenciosa nos lábios trêmulos da Vida, eu também estava lá, outra palavra silenciosa. Então a Vida nos pronunciou, e passamos os anos pulsando com lembranças de ontem e com saudades de amanhã, pois ontem a morte foi conquistada e amanhã o nascimento foi perseguido.

E agora estamos nas mãos de Deus. Você é um sol em sua mão direita, e eu uma terra em sua mão esquerda. No entanto, você não é mais brilhante do que eu.

E nós, sol e terra, somos apenas o começo de um sol maior e de uma terra maior. Sempre seremos o começo.

Você é seu próprio mensageiro, você, estranho, que passa pelo portão de meu jardim.

Eu também sou meu próprio mensageiro, embora me sente sobre as sombras de minhas árvores e pareça imóvel.

O tolo de Deus

Certa vez, veio do deserto para a grande cidade de Sharia um homem que era um sonhador, e não tinha nada além de sua roupa e um cajado.

Enquanto caminhava pelas ruas, olhava com espanto
e admiração para os templos, torres e palácios, pois
a cidade de Sharia era de uma beleza incomparável.
Falava frequentemente com os transeuntes,
questionando-os sobre sua cidade – mas eles não
entendiam sua língua, nem ele a língua deles.

Ao meio-dia, parou diante de uma estalagem
enorme, que era feita de mármore amarelo, e as
pessoas entravam e saíam sem serem impedidas.

"Deve ser um santuário", disse para si mesmo e entrou.
Mas qual não foi sua surpresa ao se encontrar em um
salão de grande esplendor, com uma grande quantidade
de homens e mulheres sentados em muitas mesas.
Eles estavam comendo, bebendo e ouvindo os músicos.

"Não", disse o sonhador. "Isso não é um culto.
Deve ser uma festa dada pelo príncipe ao povo, em
comemoração a um grande evento."

Nesse momento, um homem, que ele supôs ser o escravo
do príncipe, aproximou-se dele e mandou-o sentar-se.
Foi servido de carne, vinho e os mais excelentes doces.

Quando ficou satisfeito, o sonhador levantou-se para
partir. Na porta, foi parado por um homem musculoso
magnificamente vestido.

"Certamente este é o próprio príncipe", pensou o
sonhador. Curvou-se e agradeceu.

Então o grande homem falou na língua da cidade:

"O senhor não pagou pelo seu jantar". O sonhador não entendeu, e novamente agradeceu-lhe de todo o seu coração. Então o homem de grande porte refletiu e olhou mais de perto para o sonhador. E percebeu que era um estrangeiro, vestido apenas com uma roupa pobre, e que de fato não tinha como pagar sua refeição. Em seguida, o homem musculoso bateu palmas e chamou quatro guardas da cidade. Eles ouviram o homem de grande porte. Daí levaram o sonhador entre eles, sendo dois de cada lado. O sonhador notou a cerimônia de suas roupas, de suas maneiras e olhou para eles com prazer.

"Estes", disse ele, "são homens de distinção."

Caminharam todos juntos até chegarem à Casa do Julgamento e entraram.

O sonhador viu diante dele, sentado em um trono, um homem venerável, com barba esvoaçante e majestosamente vestido. Ele pensou que era o rei. E se alegrou por ter sido trazido diante dele.

Neste instante, os vigias relataram ao juiz, que era o homem venerável, a acusação contra o sonhador; o juiz nomeou dois advogados, um para apresentar a acusação e outro para defender o estrangeiro. Os advogados se levantaram, um após o outro, e entregaram cada um seu argumento. O sonhador pensou estar ouvindo discursos de boas-vindas, e seu coração se encheu de gratidão ao rei e ao príncipe por tudo o que tinham feito por ele.

Então a sentença foi proferida ao sonhador, que em uma tabuleta pendurada em seu pescoço deveria ser escrito seu crime e que deveria cavalgar em pelo num cavalo pela cidade, com um trompetista e um baterista à frente. A sentença foi executada imediatamente.

Agora, enquanto o sonhador cavalgava em pelo pela cidade, com o trompetista e o baterista à sua frente, os habitantes da cidade vieram correndo ao som do barulho e, quando o viram, todos riram, e as crianças em bandos correram atrás dele de rua em rua. E o coração do sonhador se encheu de êxtase, e seus olhos brilharam sobre eles. Pois para ele a tabuinha era um sinal da bênção do rei e a procissão era em sua homenagem.

Agora, enquanto cavalgava, viu no meio da multidão um homem que era do deserto como ele e seu coração se encheu de alegria, e se dirigiu a ele com um grito:

"Amigo! Amigo! Onde estamos? Que cidade dos sonhos é essa? Que raça de anfitriões extravagantes? – que festejam o hóspede casual em seus palácios, cujos príncipes o acompanham, cujo rei pendura um sinal em seu peito e lhe abre a hospitalidade de uma cidade que desceu do céu."

E aquele que também era do deserto não respondeu.
Ele apenas sorriu e balançou a cabeça levemente. A
procissão passou.

O rosto do sonhador estava erguido e seus olhos estavam
transbordando de luz.

O amor

Dizem que o chacal e a toupeira

Bebem do mesmo riacho

Onde o leão vai beber.

E dizem que a águia e o abutre

Cavam seus bicos na mesma carcaça,

E estão em paz, um com o outro,

Na presença da coisa morta.

Ó amor, cuja mão senhorial

Tem refreado meus desejos,

E aumentado minha fome e minha sede

À dignidade e ao orgulho,

Não deixe que o forte e o constante em mim

Comam pão ou bebam vinho
Isso tenta meu eu mais fraco.
Deixe-me morrer de fome,
E deixe meu coração arder de sede,
E deixe-me morrer e perecer,
Antes que eu estique minha mão
Para um copo que você não encheu,
Ou uma tigela que você não abençoou.

O rei eremita

Disseram-me que em uma floresta entre as montanhas vivia um jovem solitário que já foi rei de um vasto país além dos Dois Rios. Também disseram que ele, por sua própria vontade, havia deixado o trono e a terra de sua glória e viera habitar no deserto.

E eu disse: "Buscaria aquele homem, e aprenderia o segredo de seu coração, pois aquele que renuncia a um reino deve necessariamente ser maior do que o reino".

Naquele mesmo dia, fui para a floresta onde ele morava. E o encontrei sentado sob um cipreste branco, e em sua mão uma cana como se fosse um cetro. Cumprimentei-o como cumprimentaria um rei.

Ele se virou para mim e disse gentilmente: "O que você faz nesta floresta de serenidade? Procura um eu perdido nas sombras verdes, ou é um regresso à casa no seu crepúsculo?".

Eu respondi: "Procurei apenas você, pois gostaria de saber o que o fez deixar um reino por uma floresta".

Ele disse: "Breve é a minha história, pois repentino foi o estouro da bolha. Aconteceu assim: um dia, enquanto eu estava sentado à janela do meu palácio, meu camareiro e um enviado de uma terra estrangeira estavam andando no meu jardim. E quando eles se aproximaram da minha janela, o camareiro falava de si mesmo e dizia: 'Sou como o rei. Tenho sede de vinho forte e fome de todos os jogos de azar. E como meu senhor, o rei, tenho temperamento tempestivo'. Daí o camareiro e o enviado desapareceram entre as árvores. Mas, em poucos minutos, voltaram, e desta vez o camareiro estava falando de mim, e estava dizendo, 'Meu senhor, o rei é, como eu, um bom atirador; e como eu, adora música e toma banho três vezes ao dia'".

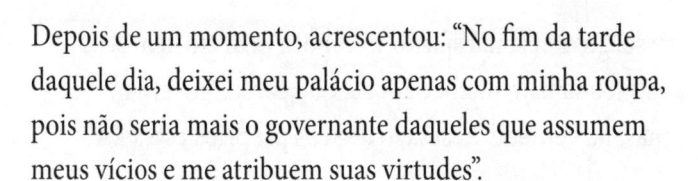

Depois de um momento, acrescentou: "No fim da tarde daquele dia, deixei meu palácio apenas com minha roupa, pois não seria mais o governante daqueles que assumem meus vícios e me atribuem suas virtudes".

Eu disse: "Isso é realmente uma maravilha, e para lá de estranho".

Ele disse: "Não, meu amigo, você bateu no portão dos meus silêncios e recebeu apenas uma ninharia. Pois quem não trocaria um reino por uma floresta onde as estações cantam e dançam incessantemente? Muitos são aqueles que deram seu reino por nada menos do que a solidão e a doce comunhão da solidão. Incontáveis são as águias que desceram lá do alto para viver com as toupeiras, para conhecer os segredos da terra. Há aqueles que renunciam ao reino dos sonhos para que não pareçam distantes dos que não têm sonhos. E aqueles que renunciam ao reino da nudez e cobrem suas almas para que outros não se envergonhem ao ver a verdade descoberta e a beleza desvendada. E maior ainda do que tudo isso é aquele que renuncia ao reino da tristeza para não parecer orgulhoso e arrogante".

Então, levantando-se, apoiou-se no caniço e disse: "Vá agora à grande cidade, sente-se à sua porta e observe todos os que nela entram e saem. Você encontrará aquele que, embora nascido rei, não tem reino; e aquele que, embora governasse em carne em osso, governa em espírito – embora nem ele nem seus súditos saibam disso; e aquele que parece governar, mas, na verdade, é escravo de seus próprios escravos".

Depois de ter dito essas coisas, sorriu para mim, e havia milhares de alvoradas em seus lábios. Então se virou e foi embora para o coração da floresta.

Voltei para a cidade e sentei-me à sua porta para observar os transeuntes como ele me disse. E, desde aquele dia até agora, são incontáveis os reis cujas sombras passaram por mim e poucos são os súditos sobre os quais minha sombra passou.

A filha
do leão

Quatro escravas estavam abanando uma velha rainha que roncava enquanto dormia em seu trono. No colo da rainha, um gato jazia ronronando e olhando preguiçosamente para as escravas.

A primeira escrava falou: "Que feia essa velha fica quando está dormindo. Veja a boca dela caída; e ela respira como se o diabo a estivesse sufocando".

Então o gato disse, ronronando: "Não é tão feia dormindo quanto você em sua escravidão acordada".

E a segunda escrava disse: "Você pensaria que o sono suavizaria suas rugas em vez de aprofundá-las. Ela deve estar sonhando com algo ruim".

E o gato ronronou: "Será que você pode dormir também e sonhar com sua liberdade?".

E a terceira escrava disse: "Talvez ela esteja vendo a procissão de todos aqueles que ela matou".

E o gato ronronou: "Sim, ela vê a procissão de seus antepassados e seus descendentes".

E a quarta escrava disse: "Está tudo bem falar sobre ela, mas isso não me deixa menos cansada de ficar de pé e abanar".

E o gato ronronou: "Você ficará abanando por toda a eternidade; pois, assim como é na terra, assim será no céu".

Nesse momento, a velha rainha assentiu em seu sono e sua coroa caiu no chão.

E uma das escravas disse: "Isso é um mau presságio".

E o gato ronronou: "O mau presságio de um é o bom presságio de outro".

E a segunda escrava disse: "E se ela acordar e encontrar sua coroa caída? Ela certamente nos matará".

E o gato ronronou: "Diariamente, desde o seu nascimento, ela a matou e você não sabe disso".

E a terceira escrava disse: "Sim, ela nos mataria e chamaria isso de sacrifício aos deuses".

E o gato ronronou: "Só os fracos são sacrificados aos deuses".

E a quarta escrava silenciou as outras e suavemente pegou a coroa e a recolocou na cabeça da velha rainha, sem acordá-la.

E o gato ronronou: "Só uma escrava restaura uma coroa que caiu".

Depois de um tempo, a velha rainha acordou, olhou em volta e bocejou. Então ela disse: "Acho que sonhei com quatro lagartas perseguidas por um escorpião ao redor do tronco de um carvalho antigo. Eu não gostei do meu sonho".

Em seguida, ela fechou os olhos e voltou a dormir e a roncar. E as quatro escravas continuaram a abaná-la.

E o gato ronronou: "Abanem, abanem, estúpidas. Vocês abanam apenas o fogo que lhes consome".

A tirania

Assim canta a Mulher-Dragão, que guarda as sete cavernas junto ao mar:

"Meu companheiro virá cavalgando nas ondas. Seu rugido trovejante encherá a terra de medo, e as chamas de suas narinas incendiarão o céu. No eclipse da lua nos casaremos, e no eclipse do sol darei à luz um São Jorge, que me matará."

Assim canta a Mulher-Dragão, que guarda as sete cavernas junto ao mar.

O santo

Em minha juventude, uma vez visitei um santo em seu bosque silencioso além das colinas. Enquanto conversávamos sobre a natureza da virtude, um bandido veio mancando pela serra. Quando chegou ao bosque, ajoelhou-se diante do santo e disse: "Ó santo, gostaria de ser consolado! Meus pecados pesam sobre mim".

E o santo respondeu: "Meus pecados também
pesam sobre mim".

E o bandido disse: "Mas eu sou ladrão e saqueador".

E o santo respondeu: "Eu também
sou ladrão e saqueador".

E o bandido disse: "Mas eu sou um assassino, e o sangue
de muitos homens clama em meus ouvidos".

E o santo respondeu: "Eu também sou um assassino, e em
meus ouvidos clama o sangue de muitos homens".

E o bandido disse: "Eu cometi inúmeros crimes".

E o santo respondeu: "Eu também
cometi crimes incontáveis".

Então o bandido levantou-se e olhou para o santo, e havia
um olhar estranho em seus olhos. E quando ele partiu, foi
pulando morro abaixo.

E eu me virei para o santo e disse: "Por que você se acusou
de crimes não cometidos? Você não vê que este homem
foi embora não acreditando mais em você?".

E o santo respondeu: "É verdade que ele
não acredita mais em mim. Mas ele foi
embora muito confortado".

Nesse momento, ouvimos o bandido cantando
ao longe, e o eco de sua canção encheu
o vale de alegria.

O plutocrata

Em minhas andanças, uma vez vi em uma ilha um monstro com cabeça de homem e cascos de ferro que comia da terra e bebia do mar incessantemente.
E, por um longo tempo, eu o observei. Então me aproximei dele e disse: "Você nunca tem o suficiente, sua fome nunca é saciada e não consegue matar nunca a sua sede?".

Ele respondeu dizendo: "Sim, estou satisfeito, melhor, estou cansado de comer e beber, mas temo que amanhã não haja mais terra para comer nem mar para beber".

O eu
maior

Isto veio a acontecer. Após a coroação de Nufsibaäl, rei de Byblus, ele se retirou para seu quarto de dormir – o mesmo quarto que os três magos eremitas da montanha haviam construído para ele. Tirou sua coroa e suas vestes reais e ficou no centro da sala pensando em si mesmo, agora o governante todo-poderoso de Byblus.

De repente se virou e viu sair do espelho de prata que sua mãe lhe dera um homem nu.

O rei ficou assustado e gritou para o homem: "O que você quer?".

E o homem nu respondeu: "Nada além de saber: por que te coroaram rei?".

O rei respondeu: "Porque sou o homem mais nobre da terra".

Então o homem nu disse: "Se você fosse ainda mais nobre, não seria rei".

E o rei disse: "Eles me coroaram por ser o homem mais poderoso da terra".

E o homem nu disse: "Se você fosse ainda mais poderoso, não seria rei".

Então o rei disse: "Eles me coroaram rei por ser o homem mais sábio".

E o homem nu disse: "Se você ainda fosse mais sábio, não escolheria ser rei".

Então o rei caiu no chão e chorou amargamente.

O homem nu olhou para ele. Em seguida, pegou a coroa e com ternura a recolocou na cabeça curvada do rei.

Então o homem nu, olhando amorosamente para o rei, entrou no espelho.

O rei se levantou e imediatamente se olhou no espelho. E lá viu apenas ele mesmo coroado.

Guerra e as pequenas nações

Certa vez, no alto de um pasto, onde uma ovelha e um cordeiro pastavam, uma águia estava circulando e olhando faminta para o cordeiro. E quando estava prestes a descer para pegar sua presa, outra águia apareceu e pairou sobre a ovelha e seus filhotes com a mesma intenção faminta. Então as duas rivais começaram a lutar, enchendo o céu com seus gritos ferozes.

A ovelha olhou para cima e ficou muito espantada. Ela se virou para o cordeiro e disse:

"Que estranho, meu filho, que esses dois pássaros nobres se ataquem. O céu imenso não é grande o suficiente para ambos? Reze, meu pequeno, reze com o coração para que Deus faça a paz entre seus irmãos alados".

E o cordeiro orou com todo seu coração.

Críticos

Certo anoitecer, um homem que viajava a cavalo em direção ao mar chegou a uma estalagem à beira da estrada. Ele desmontou e, confiante em si mesmo como todos os cavaleiros em direção ao mar, amarrou seu cavalo a uma árvore ao lado da porta e entrou na estalagem.

À meia-noite, quando todos dormiam, veio um ladrão e roubou o cavalo do viajante.

De manhã, o homem acordou e descobriu que seu cavalo havia sido roubado. Lamentou por seu cavalo e que um homem tenha decidido roubá-lo.

Então seus companheiros de hospedagem vieram, ficaram em volta dele e começaram a falar.

E o primeiro homem disse: "Que tolice você amarrar seu cavalo fora do estábulo".

E o segundo disse: "Ainda mais tolo, sem nem mesmo colocar grilhões!".

E o terceiro homem disse: "Na melhor das hipóteses, é estúpido viajar para o mar a cavalo".

E o quarto disse: "Somente os indolentes e os lentos possuem cavalos".

Então o viajante ficou muito perplexo. Por fim, gritou: "Meus amigos, porque meu cavalo foi roubado, vocês se apressaram em me contar minhas falhas e minhas deficiências. Mas, estranho, não disseram uma palavra de reprovação sobre o homem que roubou meu cavalo".

Poetas

Quatro poetas estavam sentados ao redor de uma poncheira, que estava sobre uma mesa.

Disse o primeiro poeta: "Acho que vejo com meu terceiro olho a fragrância deste vinho pairando no espaço como uma nuvem de pássaros em uma floresta encantada".

O segundo poeta levantou a cabeça e disse: "Com meu ouvido interno, posso ouvir aqueles pássaros da neblina cantando. E a melodia prende meu coração como a rosa branca aprisiona a abelha em suas pétalas".

O terceiro poeta fechou os olhos e esticou o braço para cima e disse: "Eu os toco com minha mão. Sinto suas asas, como o sopro de uma fada adormecida, roçando meus dedos".

Então o quarto poeta se levantou, ergueu a tigela e disse: "Ai, amigos! Sou muito obtuso de visão, audição e tato. Não consigo ver a fragrância deste vinho, nem ouvir o seu canto, nem sentir o bater das suas asas. Eu percebo apenas o próprio vinho. Agora, portanto, devo beber, para que possa aguçar meus sentidos e me elevar aos seus patamares".

E levando a tigela aos lábios, bebeu o ponche até a última gota.

Os três poetas, de boca aberta, olharam para ele horrorizados, e em seus olhos havia um ódio sedento, mas não lírico.

O cata-vento

Disse o cata-vento ao vento: "Como você é tedioso e monótono! Você não pode soprar de outra maneira, a não ser na minha cara? Você perturba minha estabilidade dada por Deus".

E o vento não respondeu.
Só riu abertamente.

O rei de
Aradus

Certa vez, os anciãos da cidade de Aradus se apresentaram perante o rei e rogaram-lhe para baixar um decreto que proibisse todas as bebidas alcoólicas na cidade.
O rei virou as costas e foi embora, rindo.

Então os anciãos partiram consternados.

Na porta do palácio, encontraram o camareiro.
O camareiro percebeu que eles estavam perturbados e entendeu o caso deles.

Então disse: "Que pena, meus amigos!
Se vocês tivessem encontrado o rei bêbado, certamente ele teria concedido sua petição".

Do fundo do
meu coração

Do fundo do meu coração, um pássaro subiu e voou para o céu.

Subiu mais alto e mais alto, porém, ficando cada vez maior.

No início, era apenas como uma andorinha,
depois, uma cotovia, depois, uma águia,
depois, tão vasta como uma nuvem primaveril
e, depois, encheu os céus estrelados.

Do meu coração, um pássaro voou para o céu.
E ficou maior enquanto voava. No entanto,
não deixou meu coração.

Ó minha fé, meu conhecimento indomável,
como poderei voar até sua altura e
ver com você o eu maior do homem
desenhado no céu?

Como vou transformar este mar dentro
de mim em névoa e me mover com você
no espaço incomensurável?

Como pode um prisioneiro dentro do templo
contemplar suas cúpulas douradas?

Como o coração de uma fruta pode ser
esticado para envolver a fruta também?

Ó minha fé, estou acorrentado atrás
dessas barras de prata e ébano e não
posso voar com você.

No entanto, do meu coração você sobe para
o céu e, se é meu coração que o contém,
então deverei ficar contente.

Dinastias

A rainha de Ishana estava em trabalho de parto. O rei e os poderosos da corte esperavam com extrema ansiedade no grande Salão dos Touros Alados.

Ao anoitecer, veio de repente um mensageiro apressado, prostrou-se diante do rei e disse: "Trago boas-novas ao meu senhor rei, ao reino e aos escravos do rei. Mihrab, o Cruel, seu inimigo de toda a vida, o rei de Bethroun, está morto".

Quando o rei e os poderosos da corte ouviram isso, todos se levantaram e gritaram de alegria; uma vez que o poderoso Mihrab, se tivesse vivido mais, certamente teria tomado Ishana e levado os habitantes como cativos.

Nesse momento, o médico da corte também entrou no Salão dos Touros Alados, e atrás dele vinham as parteiras reais. O médico se prostrou diante do rei e disse: "Meu senhor, o rei viverá para sempre, e por incontáveis gerações governará o povo de Ishana. Pois para ti, ó rei, nasceu nesta hora um filho, que será teu herdeiro".

A alma do rei estava verdadeiramente intoxicada com alegria, uma vez que ao mesmo tempo seu inimigo estava morto e a linhagem real fora estabelecida.

Um verdadeiro profeta estava morando na cidade de Ishana. Ele era jovem e ousado de espírito. O rei naquela mesma noite ordenou que o profeta fosse trazido diante dele. Quando ele chegou, o rei disse a ele, "Profetize agora, e prediga qual será o futuro de meu filho que nasceu hoje para o reino".

O profeta não hesitou: "Escute, ó rei, realmente profetizarei sobre o futuro de vosso filho, que nasceu neste dia. A alma do vosso inimigo, do vosso inimigo mesmo, rei Mihrab, que morreu ontem, permaneceu apenas um dia no vento. Então procurou para si um corpo para habitar. E entrou no corpo de vosso filho que nasceu nesta hora".

Então o rei se enfureceu e com sua espada matou o profeta.

E desde aquele dia até hoje, os sábios de Ishana dizem uns aos outros secretamente: "Não se sabe, e não foi dito antes, que Ishana é governado por um inimigo".

Aqueles com
conhecimento e aqueles sem conhecimento

Quatro rãs estavam sentadas em um tronco que flutuava na beira de um rio. De repente, o tronco foi apanhado pela corrente e varrido lentamente rio abaixo. As rãs ficaram encantadas e absortas, pois nunca haviam navegado.

Por fim, a primeira rã falou: "Este é realmente um tronco maravilhoso. Ele se move como se estivesse vivo. Nenhum registro desse tipo era conhecido antes".

Então a segunda rã disse: "Não, meu amigo, a tora é como as outras toras e não se move. É o rio que está caminhando para o mar e nos carrega junto com o tronco".

E a terceira rã falou: "Não é nem o tronco nem o rio que se move. O movimento está em nosso pensamento. Pois sem pensamento nada se move".

E as três rãs começaram a discutir sobre o que realmente estava se movendo. A briga ficou mais acalorada e mais alta, mas não conseguiam concordar.

Então se voltaram para a quarta rã, que até então ouvia com atenção, mas estava calada, e pediram sua opinião.

E a quarta rã disse: "Cada uma de vocês está certa, e nem uma de vocês está errada. O movimento está no tronco, na água e nosso pensamento também".

E as três rãs ficaram muito zangadas, pois nem uma delas estava disposta a admitir que a sua não era toda a verdade e que as outras duas não estavam totalmente erradas.

Então uma coisa estranha aconteceu. As três rãs se juntaram e empurraram a quarta rã do tronco para o rio.

Uma folha de papel branco como a neve...

Disse uma folha de papel branco como a neve: "Pura fui criada e pura permanecerei para sempre. Prefiro ser queimada e virar cinzas brancas a deixar a escuridão me tocar ou o imundo se aproximar de mim".

O tinteiro ouviu o que o papel estava dizendo e riu em seu coração sombrio; mas nunca se atreveu a aproximar-se dela. E os lápis multicoloridos também a ouviram, e também nunca chegaram perto dela.

E a folha de papel branca como a neve permaneceu pura e casta para sempre – pura, casta – e vazia.

O estudioso e o poeta

Disse a serpente à cotovia: "Tu voas, mas não podes visitar as baías pequenas da terra onde a seiva da vida se move em perfeito silêncio".

E a cotovia respondeu: "Sim, você sabe muito, não, você é mais sábio do que todas as coisas sábias – pena que tu não podes voar".

E como se não tivesse ouvido, a serpente disse: "Tu não podes ver os segredos das profundezas, nem se mover entre os tesouros do império oculto. Ontem mesmo estava em uma caverna de rubis. É como no coração de uma romã madura, o mais fraco raio de luz a transforma em uma rosa de fogo. Quem além de mim pode contemplar tais maravilhas?".

E a cotovia disse: "Ninguém, ninguém além de ti
pode estar entre as memórias cristalinas dos ciclos:
pena que tu não podes cantar".

E a serpente continuou: "Conheço uma planta cuja raiz
desce às entranhas da terra, e aquele que come dessa raiz
se torna mais belo que Ashtarte".

E a cotovia disse: "Ninguém, ninguém além de ti
poderia desvendar o pensamento mágico da terra –
pena que tu não podes voar".

E a serpente disse: "Há um riacho púrpuro que
corre sob uma montanha, e aquele que beber dele
se tornará imortal como os deuses. Certamente
nenhum pássaro ou fera pode descobrir
aquele riacho roxo".

E a cotovia respondeu: "Se quiseres, podes tornar-te
imortal como os deuses – pena que não possas cantar".

E a serpente disse: "Conheço um templo enterrado,
que visito de vez em quando. Foi construído
por uma raça esquecida de gigantes, e em suas
paredes estão gravados os segredos do tempo
e do espaço, e quem os lê compreenderá o que
excede todo o entendimento".

E a cotovia disse: "Em verdade, se assim o desejares, podes
envolver com teu corpo flexível todo o conhecimento do
tempo e do espaço – pena que não possas voar".

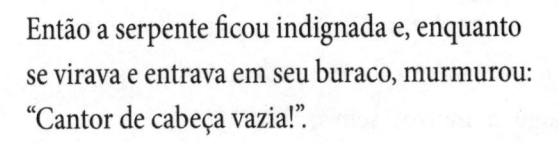

Então a serpente ficou indignada e, enquanto se virava e entrava em seu buraco, murmurou: "Cantor de cabeça vazia!".

E a cotovia voou para longe cantando: "Pena que tu não podes cantar. Que pena, que pena, meu sábio, que tu não podes voar".

Valores

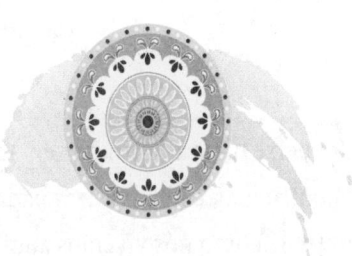

Certa vez, um homem desenterrou em seu terreno uma estátua de mármore de imensa beleza. Ele a ofereceu a um colecionador que amava todas as coisas bonitas, e o colecionador a comprou por um preço alto. E cada um foi para o seu lado.

Enquanto o homem voltava para casa com seu dinheiro, pensou consigo mesmo: "Quanto tempo de vida esse dinheiro significa! Como alguém pode dar tudo isso por uma pedra morta esculpida enterrada e jamais sonhada na terra por mil anos?".

E naquele exato momento, o colecionador estava olhando para sua estátua e pensava consigo mesmo: "Que beleza!

Que vida! O sonho de uma alma! – e nova com o doce sono de mil anos. Como alguém pode dar tudo isso por dinheiro, alguém morto e sem sonhos?".

Outros
mares

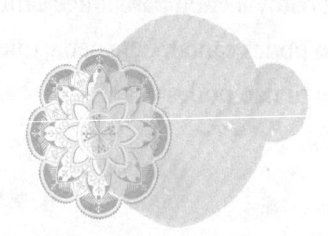

Um peixe disse a outro peixe: "Acima deste nosso mar há outro mar, com criaturas nadando nele – e eles vivem lá como nós vivemos aqui".

O outro peixe retrucou: "Pura fantasia! Pura fantasia! Quando você sabe que tudo que deixa nosso mar por um centímetro sequer, e fica fora dele, morre. Que provas você tem de outras vidas em outros mares?".

Arrependimento

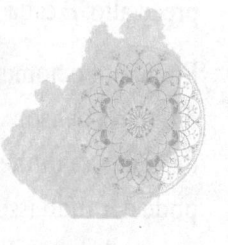

Numa noite sem lua, um homem entrou no jardim do vizinho, roubou o maior melão que encontrou e o trouxe para casa.

Abriu o melão e viu que estava ainda verde.

Então aconteceu uma maravilha!

A consciência do homem despertou e o feriu com remorso; e ele se arrependeu de ter roubado o melão.

O homem moribundo e o abutre

Espere, espere um pouco, meu amigo ansioso.

Eu cederei, embora cedo demais,
essa coisa desperdiçada,

Cuja agonia exagerada e inútil

Esgota sua paciência.

Eu não teria sua fome autêntica

Aguarde estes momentos:

Mas esta corrente, embora seja a respiração,

É difícil de quebrar.

E a vontade de morrer,

Mais forte do que todas as coisas fortes,
É mantida por uma vontade de viver
Mais fraca do que todas as coisas fracas.
Perdoe-me, camarada; vou demorar muito.
É a memória que mantém meu espírito;
Uma procissão de dias distantes,
Uma visão da juventude passada em um sonho,
Um rosto que pede às minhas
pálpebras que não durmam,
Uma voz que fica em meus ouvidos,
Uma mão que toca minha mão.
Perdoe-me por ter esperado muito tempo.
Acabou agora, e tudo está desbotado:—
O rosto, a voz, a mão e a névoa
Que os trouxeram aqui.
O nó está desatado.
O cordão está dividido.
E o que não é comida nem bebida é retirado.
Aproxime-se, meu camarada faminto;
A mesa está posta,
E o alimento, frugal e sobressalente,
É dado com amor.
Venha, e cave seu bico aqui, no lado esquerdo,
E arranque de sua gaiola este pássaro menor,

Cujas asas não podem mais bater:
Eu gostaria que ele voasse com você para o céu.

Venha agora, meu amigo, eu sou seu
anfitrião esta noite,
E você meu convidado bem-vindo.

Além da minha solidão

Além da minha solidão há uma outra solidão, e para quem nela habita a minha solidão é um mercado lotado e o meu silêncio uma confusão de sons.

Sou jovem demais e inquieto demais para buscar essa solidão acima. As vozes daquele vale ainda prendem meus ouvidos, e suas sombras barram meu caminho, e não posso partir.

Além dessas colinas, há um bosque de encantamento para quem nele habita minha paz é apenas um turbilhão e meu encantamento uma ilusão.

Eu sou muito jovem e muito rebelde para buscar aquele bosque sagrado. O gosto de sangue está grudado em minha boca, e o arco e as flechas de meus pais ainda permanecem em minha mão, e não posso partir.

Além desse ego sobrecarregado, vive meu ego mais livre; e para ele meus sonhos são uma batalha travada no crepúsculo e meus desejos o chocalhar de ossos.

Eu sou muito jovem e muito indignado para ser meu ego mais livre.

E como me tornarei meu ego mais livre a menos que eu mate meus egos sobrecarregados, ou a menos que todos os homens se tornem livres?

Como minhas folhas voarão cantando ao vento quando minhas raízes estão murchando no escuro?

Como a águia em mim voará contra o sol até que meus filhotes deixem o ninho que eu, com meu próprio bico, construí para eles?

A última vigília

Na maré alta da noite, quando o primeiro sopro de aurora vem ao vento, o Mensageiro, aquele que se denomina eco de uma voz ainda não ouvida, deixou seu quarto e subiu ao telhado de sua casa. Por muito tempo, ficou de pé olhando para a cidade adormecida. Então levantou a cabeça e, como se os espíritos insones de todos os adormecidos se reunissem ao seu redor, ele abriu os lábios e disse:

"Meus amigos, meus vizinhos e você que diariamente passa pelo meu portão, eu poderia falar com vocês em seu sono, e no vale dos seus sonhos andaria nu e desenfreado; muito descuidadas são suas horas de vigília e surdos são seus ouvidos sobrecarregados de som.

"Por muito tempo eu amei vocês e em demasia.

"Eu amo aquele entre vocês como se fosse todos, e todos como se fossem apenas um. Na primavera do meu coração cantei em seus jardins, e no verão do meu coração vigiei suas eiras.

"Sim, eu amei todos vocês, o gigante e o pigmeu, o leproso e o ungido, e aquele que tateia no escuro assim como aquele que dança seus dias sobre as montanhas.

"Você, o forte, eu amei, embora as marcas de seus cascos de ferro ainda estejam em minha carne; e você, o fraco, embora tenha drenado minha fé e desperdiçado minha paciência.

"Vocês, ricos, eu amei, sem dar importância ao amargor de seu mel para minha boca; e vocês, os pobres, embora conhecessem minha vergonha de mãos vazias.

"Você, o poeta, com o alaúde e dedos irracionais, amei em autoindulgência; e você, o erudito, sempre juntando mortalhas podres nos campos dos oleiros.

"Você, o padre que amei, que visita nos silêncios de ontem questionando o destino de meu amanhã; e vocês, os adoradores de deuses, imagens de seus próprios desejos.

"Você, a mulher sedenta, cujo cálice está sempre cheio, eu te amei em entendimento; e você, a mulher das noites inquietas, também amei você com piedade.

"Você, o falador que amei, dizendo: 'A vida tem muito a dizer'; e você, o mudo que amei, sussurrando para mim mesmo: 'Ele não diz em silêncio o que eu gostaria de ouvir em palavras?'

"E você, o juiz e o crítico, eu também amei; no entanto, quando você me viu crucificado, você disse: 'Ele sangra ritmicamente, e o desenho que seu sangue faz em sua pele branca é lindo de se ver.'

"Sim, eu amei todos vocês, os jovens e os velhos, o junco trêmulo e o carvalho.

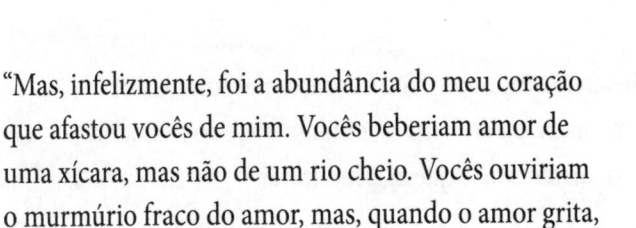

"Mas, infelizmente, foi a abundância do meu coração que afastou vocês de mim. Vocês beberiam amor de uma xícara, mas não de um rio cheio. Vocês ouviriam o murmúrio fraco do amor, mas, quando o amor grita, vocês abafam seus ouvidos.

"E, porque eu amei todos, vocês disseram: 'Muito suave e flexível é o coração dele, e muito sem discernimento é o seu caminho. É o amor de um necessitado, que colhe migalhas mesmo quando se senta em banquetes reais. E é o amor de um fraco, pois o forte ama apenas o forte.'

"E, porque os amei demais, vocês disseram: 'É apenas o amor de um cego que não conhece a beleza de um nem a feiura de outro. É o amor do insípido que bebe vinagre como vinho. E é o amor dos impertinentes e arrogantes, pois não seria peculiar se fosse nossa mãe, nosso pai, nossa irmã e nosso irmão?'

"Vocês disseram isso e muito mais. Pois muitas vezes no mercado vocês me apontavam o dedo e diziam zombeteiramente: 'Lá vai o eterno, o homem sem estações, que ao meio-dia brinca com nossos filhos e ao entardecer senta-se com nossos mais velhos assumindo a sabedoria e a compreensão.'

"E eu pensei, 'Vou amá-los mais. Sim, ainda mais. Esconderei meu amor com aparência de ódio e disfarçarei minha ternura como amargura. Usarei uma máscara de ferro e, somente quando armado e com armadura, é que os procurarei."

"Então tratei suas feridas opressivamente, e como uma tempestade na noite trovejei em seus ouvidos.

"Do telhado vos proclamei hipócritas, fariseus, trapaceiros, falsos e vazios.

"Amaldiçoei os míopes entre vocês como morcegos cegos, e aqueles muito próximos da terra comparei a toupeiras sem alma.

"O eloquente, proclamei de língua bifurcada, o silencioso, de lábios de pedra, e o simples e ingênuo chamei de morto nunca cansado da morte.

"Condenei os ávidos por conhecimento do mundo como ofensores do espírito santo e aqueles que nada queriam além do espírito marquei como caçadores de sombras que lançam suas redes em águas planas e capturam apenas suas próprias imagens.

"Assim com meus lábios os denunciei, enquanto meu coração, sangrando dentro de mim, os chamou de nomes ternos.

"Foi o amor açoitado por si mesmo que falou. Era o orgulho meio morto que esvoaçava na poeira. Era minha fome por seu amor que assolava do telhado, enquanto meu próprio amor, ajoelhado em silêncio, rezava por seu perdão.

"Mas aqui está um milagre!

"Foi o meu disfarce que abriu seus olhos, e minha aparência de ódio que despertou seus corações.

"E agora vocês me amam.

"Vocês amam as espadas que os atingem e as flechas que cravam seus peitos. Pois é reconfortante ser ferido e, somente quando bebem do seu próprio sangue, podem ficar embriagados.

"Como mariposas que buscam a destruição na chama, vocês se reúnem diariamente em meu jardim e, com rostos erguidos e olhos encantados, me veem rasgar o tecido de seus dias.

"E em sussurros dizem uns aos outros: 'Ele vê com a luz de Deus. Ele fala como os profetas da Antiguidade. Ele revela nossas almas e abre nossos corações e, como a águia que conhece o caminho das raposas, ele conhece nossos caminhos.'

"Sim, na verdade, eu conheço seus caminhos, mas apenas como uma águia conhece os caminhos de seus filhotes. E gostaria de revelar meu segredo. No entanto, em minha necessidade de estar próximo, finjo distância e, com medo do refluxo de seu amor, guardo as comportas de meu amor."

Depois de dizer essas coisas, o Mensageiro cobriu o rosto com as mãos e chorou amargamente. Pois em seu coração sabia que o amor humilhado em sua nudez é maior do que o amor que busca o triunfo disfarçado; e ele tinha vergonha.

Mas, de repente, levantou a cabeça e, como quem acorda de um sono, estendeu os braços e disse: "A noite acabou, e nós, filhos da noite, devemos morrer quando a aurora vier saltando sobre as colinas, e de nossas cinzas um amor mais poderoso nascerá, que rirá ao sol e será imortal".

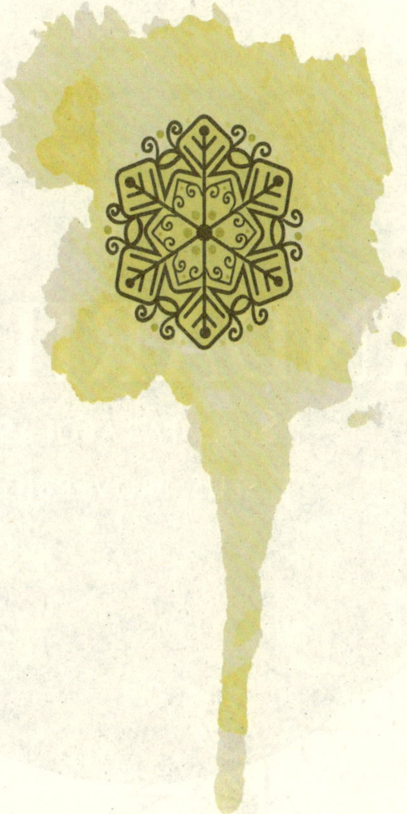

O ANDARILHO

Suas parábolas e seus provérbios

Encontrei-o na encruzilhada. Um homem com apenas uma capa e um cajado, e um véu de dor no rosto. Nós nos cumprimentamos, e eu lhe disse: "Venha à minha casa e seja meu hóspede". E ele veio.

Minha esposa e meus filhos nos encontraram na porta de entrada. Ele sorriu para eles, que adoraram sua vinda.

Então todos nós nos sentamos juntos à mesa. Ele nos deixou felizes, pois havia um silêncio e mistério nele.

Depois do jantar, nos reunimos em frente ao fogo e lhe perguntei sobre suas andanças.

Ele nos contou muitas histórias naquela noite e também no dia seguinte, mas o que nesse momento eu registro nasceu da amargura de seus dias, embora ele próprio fosse gentil, e essas histórias são da poeira e da paciência de seu caminho.

Quando nos deixou, depois de três dias, não sentimos que um convidado havia partido, mas sim que um de nós ainda estava no jardim e ainda não havia entrado.

O vestuário

Um dia, a Beleza e a Feiura se encontraram à beira de um mar. E disseram uma para a outra: "Vamos tomar banho de mar".

Então se despiram e nadaram nas águas. Depois de um tempo, a Feiura voltou para a praia e vestiu-se com as vestes da Beleza e foi embora.

Logo em seguida, a Beleza também saiu do mar e não encontrou suas vestes, e como era muito tímida para ficar nua, ela se vestiu com as roupas da Feiura. E a Beleza seguiu seu caminho.

E até hoje homens e mulheres confundem uma com a outra.

No entanto, há alguns que contemplam a face da Beleza e a reconhecem apesar de suas vestes.

E há alguns que conhecem a face da Feiura, uma vez que o vestuário não a esconde de seus olhos.

A águia
e a cotovia

Uma cotovia e uma águia se encontraram em uma rocha em uma colina alta. A cotovia disse: "Bom dia para a senhora". A águia olhou para ela e disse baixinho: "Bom dia".

E a cotovia disse: "Espero que tudo esteja bem com a senhora".

"Sim", disse a águia, "está tudo bem conosco. Mas você não sabe que somos as rainhas dos pássaros e que não deve se dirigir a nós antes que nós mesmos tenhamos falado?"

Disse a cotovia: "Acho que somos da mesma família".

A águia olhou para ela com desdém e falou: "Quem disse que você e eu somos da mesma família?".

Então disse a cotovia: "Mas gostaria de lembrá-la que eu posso voar tão alto quanto você, e posso cantar e encantar as outras criaturas desta terra. E você não dá nem prazer nem deleite".

Então a águia se enfureceu e disse: "Prazer e deleite! Sua pequena criatura presunçosa! Com um golpe

de meu bico, eu poderia destruí-la.
Você é apenas do tamanho do meu pé".

Então a cotovia voou e pousou nas costas da águia e começou a beliscar suas penas. A águia ficou aborrecida e voou alto e rápido para se livrar do passarinho. Mas ela não conseguiu fazê-lo. Por fim, caiu de volta naquela mesma rocha no alto da colina, mais irritada do que nunca, com a pequena criatura ainda nas costas, e amaldiçoando seu azar.

Naquele momento, uma pequena tartaruga apareceu e começou a rir da situação, e riu tanto que ela quase virou de costas.

E a águia olhou para a tartaruga e disse: "Seu réptil lento, sempre na terra, do que você está rindo?".

E a tartaruga disse: "Porque vejo que você virou cavalo, e que tem um pequeno pássaro montado em você, mas o pequeno pássaro é o melhor pássaro".

E a águia disse a ela: "Vá tomar conta da sua vida. Este é um assunto de família entre mim, minha irmã e a cotovia".

A canção de amor

Um poeta escreveu uma vez uma linda canção de amor. Fez muitas cópias dela e as enviou para seus amigos e conhecidos, homens e mulheres, e até mesmo para uma jovem que encontrou apenas uma vez, que morava além das montanhas.

Depois de um ou dois dias, um mensageiro da jovem chegou trazendo uma carta, que dizia: "Deixe-me assegurar-lhe, estou profundamente tocada pela canção de amor que escreveu para mim. Venha agora e conheça meu pai e minha mãe, e então faremos os preparativos para o noivado".

O poeta respondeu à carta dizendo: "Minha amiga, era apenas uma canção de amor do coração de um poeta, cantada por todos os homens para todas as mulheres".

Em seguida, ela escreveu novamente dizendo: "Hipócrita e mentiroso! A partir deste dia até o dia da minha morte, odiarei todos os poetas por sua causa".

Lágrimas
e risos

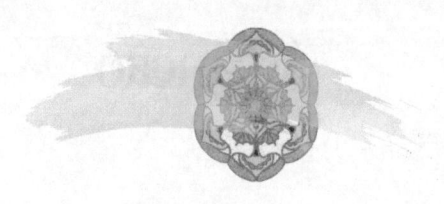

Na margem do Nilo, ao entardecer, uma hiena encontrou um crocodilo. Eles pararam e se cumprimentaram.

A hiena falou: "Como vai o seu dia, senhor?".

E o crocodilo respondeu dizendo: "Vai mal. Às vezes, em minha dor e tristeza, choro, e então as criaturas sempre dizem: 'São apenas lágrimas de crocodilo'. E isso me fere mais do que tudo".

Então a hiena disse: "Você fala de sua dor e de sua tristeza, mas pense por um momento em mim. Eu contemplo a beleza do mundo, suas maravilhas e seus milagres, e por pura alegria eu rio ao mesmo tempo que o dia ri. E então o povo da selva diz: 'É apenas o riso de uma hiena'".

A feira

Chegou à Feira uma moça do campo, muito graciosa. Havia um lírio e uma rosa em seu rosto. Havia um pôr do sol em seus cabelos, e a aurora sorria em seus lábios.

Assim que a adorável estranha apareceu à vista deles, os jovens a procuraram e a cercaram. Um dançava com ela e outro cortava um bolo em sua homenagem. E todos desejavam beijar sua bochecha. Afinal, não era Feira?

Mas a garota ficou chocada e sobressaltada, e pensou mal dos rapazes. Ela os repreendeu, e até atingiu um ou dois deles no rosto. Então fugiu deles.

E, a caminho de casa naquela noite, ela estava dizendo em seu coração: "Estou enojada.
Quão rudes e mal-educados são esses homens.
Está além de toda paciência".

Passou-se um ano, durante o qual aquela moça muito graciosa pensava muito nas Feiras e nos homens. Depois, voltou à Feira com o lírio e a rosa no rosto, o pôr do sol nos cabelos e o sorriso da aurora nos lábios.

Mas, agora, os jovens, vendo-a, afastaram-se dela. E durante todo o dia ela não foi procurada e ficou sozinha.

E ao anoitecer, enquanto caminhava pela estrada em direção a sua casa, chorou bem no fundo de seu coração: "Estou enojada.
Quão rudes e mal-educados são esses jovens.
Está além de toda paciência".

As duas
princesas

Na cidade de Shawakis, vivia um príncipe, que era amado por todos, homens, mulheres e crianças. Até os animais do campo vinham saudá-lo.

Mas todas as pessoas diziam que sua esposa, a princesa, não o amava e que até o odiava.

Um dia, a princesa de uma cidade vizinha veio visitar a princesa de Shawakis. Elas se sentaram e conversaram muito, até que começaram a falar de seus maridos.

A princesa de Sharakis disse, com paixão: "Eu invejo sua felicidade com o príncipe, seu marido, embora esteja casada há tantos anos. Eu odeio meu marido. Ele não pertence apenas a mim, e sou de fato uma mulher muito infeliz".

Então a princesa visitante olhou para ela e disse: "Minha amiga, a verdade é que você ama seu marido, sim. Você ainda o considera como uma paixão não vivida, e essa é a vida para a mulher como a primavera em um jardim. Mas tenha pena de mim e de meu marido, pois suportamos um ao outro em paciência silenciosa. E, no entanto, você e outros consideram isso felicidade".

O clarão
do relâmpago

Um bispo cristão estava em sua catedral
em um dia de tempestade, e uma mulher
não cristã se aproximou dele e disse:
"Eu não sou cristã. Existe salvação
do fogo do inferno para mim?".

E o bispo olhou para a mulher e
respondeu-lhe dizendo:
"Não, só há salvação para
aqueles que são batizados
na água e no espírito".

Enquanto ele falava, um raio veio do céu e
caiu com um trovão sobre a catedral,
que se incendiou rapidamente.
Os homens da cidade vieram correndo
e conseguiram salvar a mulher,
mas o bispo foi consumido,
comido pelo fogo.

O eremita
e *os animais*

Uma vez, viveu entre as colinas verdes um eremita. Ele era puro de espírito e tinha um bom coração. Todos os animais da terra e todas as aves do céu vinham aos pares e ele falava com eles. Eles o ouviam com prazer, reunidos perto dele. Ficavam até o anoitecer, quando os mandava embora, confiando-os ao vento e aos bosques com sua bênção.

Certa noite, enquanto falava de amor, um leopardo levantou a cabeça e disse ao eremita: "Você nos fala de amor. Diga-nos, senhor, onde está sua companheira?".

E o eremita disse: "Não tenho companheira".

Então um grande grito de surpresa veio do bando de animais e de aves. Eles começaram a conversar entre eles: "Como pode nos falar de amor e acasalamento quando ele mesmo não sabe nada disso?". E em silêncio e com indiferença, eles o deixaram sozinho.

Naquela noite, o eremita deitou-se em sua esteira com o rosto voltado para a terra, chorou amargamente, batendo no peito com as mãos.

O profeta
e a criança

Certa vez, o profeta Sharia encontrou uma criança em um jardim. A criança correu para ele e disse, "Bom dia para o senhor", e o profeta disse, "Bom dia para o senhor". E logo depois, "Eu vejo que você está sozinho."

Então a criança disse, entre risos e alegria: "Demorou muito tempo para eu me perder da minha babá. Ela acha que estou atrás daquelas sebes, mas não vê que estou aqui?". Então ela olhou para o rosto do profeta e falou novamente: "Você está sozinho também. O que você fez com sua babá?".

O profeta respondeu: "Ah, isso é outra coisa. Na verdade, não posso me perder dela muitas vezes. Mas, agora, quando entrei neste jardim, ela estava me procurando atrás das cercas".

A criança bateu palmas e gritou: "Então você é como eu! Não é bom estar perdido?". Então ela disse: "Quem é você?".

E o homem respondeu: "Eles me chamam de profeta Sharia. E me diga, quem é você?".

"Sou apenas eu mesma", disse a criança,
"e minha babá está me procurando e não
sabe onde estou."

Então o profeta olhou para o espaço dizendo:
"Eu também escapei da minha babá por um
tempo, mas ela vai me achar".

E a criança disse: "Eu sei que a minha
vai me achar também".

Naquele momento, ouviu-se uma voz de mulher
chamando o nome da criança. "Veja", disse a
criança, "eu lhe falei que ela iria me encontrar".

E ao mesmo momento outra voz foi ouvida:
"Onde você está, Sharia?".

E o profeta disse: "Veja, meu filho, eles
também me acharam".

E virando o rosto para cima, Sharia
respondeu: "Estou aqui".

A pérola

Disse uma ostra a uma ostra vizinha: "Tenho uma dor muito grande dentro de mim. É pesada e redonda, e estou sofrendo".

E a outra ostra respondeu com altiva complacência: "Louvados sejam o céu e o mar, não tenho dor dentro de mim. Estou bem e inteira tanto por dentro quanto por fora".

Naquele momento, um caranguejo estava passando e ouviu as duas ostras, e disse para a que estava bem por dentro e por fora: "Sim, você está bem e inteira, mas a dor que sua vizinha carrega é uma pérola de suprema beleza".

Corpo e alma

Um homem e uma mulher estavam sentados junto a uma janela, que se abria para a primavera. Sentaram-se perto um do outro. E a mulher dizia: "Eu te amo. Você é bonito, rico e está sempre bem vestido".

E o homem dizia: "Eu te amo. Você é um belo pensamento, uma coisa muito distante para segurar na mão, e uma canção em meus sonhos".

Mas a mulher se afastou dele com raiva e disse: "Senhor, por favor, deixe-me agora. Não sou um pensamento, e não sou uma coisa que passa em seus sonhos. Sou uma mulher. Eu gostaria que você me desejasse como esposa e mãe de crianças não nascidas".

E eles se separaram.

O homem estava falando consigo mesmo: "Eis que outro sonho agora se transforma em névoa".

E a mulher estava dizendo: "Bem, que tipo de homem me transforma em uma névoa e um sonho?".

O rei

O povo do reino de Sadik, em rebelião, cercou o palácio de seu rei gritando contra ele. Ele desceu os degraus do palácio carregando sua coroa em uma mão e seu cetro na outra. A majestade de sua aparição silenciou a multidão. Ele se postou diante deles e disse: "Meus amigos, que não são mais meus súditos, aqui entrego minha coroa e meu cetro a vocês. Eu sou um de vocês. Sou apenas um homem, mas, como homem, trabalho junto com vocês para que nossa sorte seja melhorada. Não há necessidade de rei. Vamos, pois, aos campos e às vinhas e trabalhemos de mãos dadas. Apenas vocês devem me dizer para qual campo ou vinha devo ir. Todos vocês agora são reis".

O povo ficou maravilhado, e o silêncio caiu sobre eles, pois o rei, que eles consideravam a fonte de seu descontentamento, agora estava cedendo sua coroa e seu cetro a eles e se tornando um deles.

Então cada um deles seguiu seu caminho, e o rei caminhou com um homem para um campo.

Mas o reino de Sadik não se saiu melhor sem um rei, e a névoa do descontentamento ainda pairava sobre a terra. As pessoas gritavam nas praças do mercado dizendo que tinham um rei para governá-las. Os anciãos e os jovens diziam como se fosse uma só voz: "Teremos nosso rei".

Eles procuraram o rei e o acharam labutando no campo. Trouxeram-no de volta para o trono e renderam-se à sua coroa e ao seu cetro.
E disseram: "Agora nos governe com força e justiça".

Ele disse: "Eu realmente os governarei com força, e que os deuses do céu e da terra me ajudem para que também possa governar com justiça".

Naquele momento, vieram à sua presença homens e mulheres e lhe falaram de um barão que os maltratava e de quem eram apenas servos.

Imediatamente o rei chamou o barão e disse: "A vida de um homem é tão importante na balança de Deus quanto a vida de outro. E já que você não sabe pesar a vida daqueles que trabalham em seus campos e em suas vinhas, você está banido e deve deixar este reino para sempre".

No dia seguinte, outro bando veio ao rei e falou sobre a crueldade de uma condessa que vivia além das colinas, e como ela os trouxe à miséria. Imediatamente a condessa foi levada ao tribunal, e o rei a condenou também ao desterro, dizendo: "Aqueles que lavram nossos campos e cuidam de nossas vinhas são mais nobres do que nós, que comemos o pão que preparam e bebemos o vinho de seu lagar. E porque você não sabe disso, você deve deixar esta terra e ficar longe deste reino".

Então vieram homens e mulheres, que disseram que o bispo os fez trazer pedras e lavrá-las para a catedral, mas ele não lhes deu nada, embora soubessem que o cofre do bispo estava cheio de ouro e prata, enquanto eles mesmos estavam vazios de fome.

E o rei chamou o bispo, e quando o bispo compareceu, o rei lhe disse: "Aquela cruz que você carrega em seu peito deve significar dar vida à vida. Mas você tirou vida da vida e não deu nenhuma. Portanto, você deve deixar este reino para nunca mais voltar".

Assim, todos os dias, durante a lua cheia, homens e mulheres vinham ao rei para lhe contar sobre os fardos colocados sobre eles. E a cada dia de lua cheia, algum opressor era exilado da terra.

E o povo de Sadik ficou maravilhado, e havia alegria em seu coração.

Um dia, os anciãos e os jovens vieram, cercaram a torre do rei e o chamaram. Ele desceu segurando sua coroa com uma mão e seu cetro com a outra.

E falou: "Agora, o que vocês fariam de mim?
Eis que lhes devolvo o que desejaram que eu guardasse".

Mas eles choraram. "Não, não, você é o nosso legítimo rei. Você limpou a terra das víboras e reduziu os lobos a nada, e nós damos as boas-vindas para cantar nossas ações de graças a você. A coroa é sua em majestade e o cetro é seu em glória."

Então o rei disse: "Eu não, eu não. Vocês mesmos são reis. Quando vocês me consideraram fraco e um senhor do desgoverno, vocês mesmos foram fracos e senhores de desgoverno. Agora o reino vai bem porque está sob sua vontade. Sou apenas um pensamento na mente de todos vocês, e não existo exceto em suas ações. Não existe tal pessoa como governador. Somente os governados existem para governar a si mesmos".

Então o rei voltou a entrar em sua torre com sua coroa e seu cetro. Os mais velhos e os jovens seguiram seus vários caminhos e ficaram contentes.

E cada um pensava em si mesmo como rei com uma coroa em uma mão e um cetro na outra.

Sobre a areia

Disse um homem a outro: "Na maré alta, há muito tempo escrevi uma linha na areia com a ponta do meu cajado. As pessoas ainda param para lê-la e tomam cuidado para que nada a apague".

E o outro homem disse: "Escrevi uma linha na areia, mas estava na maré baixa, e as ondas do vasto mar a levaram embora. Mas me diga, o que você escreveu?".

O primeiro homem respondeu: "Eu escrevi isto: 'Eu sou aquele que é'. Mas, me conte, o que você escreveu?".

E o outro homem disse: "Escrevi isto: ' Sou apenas uma gota deste grande oceano'".

Os três *presentes*

Certa vez, na cidade de Becharre, vivia um gracioso príncipe que era amado e honrado por todos os seus súditos.

Mas havia um homem extremamente pobre, que era ácido com o príncipe e que continuamente agitava uma língua pestilenta em seu desagrado.

O príncipe sabia disso, mas era paciente.

Mas, por fim, ele se lembrou dele. Numa noite de inverno, um servo do príncipe chegou à porta do homem, trazendo um saco de farinha, um saco de sabão e um cone de açúcar.

E o servo disse: "O príncipe lhe envia estes presentes como lembrança".

O homem ficou exultante, pois achou que os presentes eram uma homenagem do príncipe. E em seu orgulho foi ao bispo e lhe contou o que o príncipe havia feito, dizendo: "Você não vê como o príncipe deseja minha boa vontade?".

Mas o bispo disse: "Oh, quão sábio é o príncipe, e quão pouco você entende. Ele fala em símbolos. A farinha é para o estômago vazio; o sabão é para sua pele suja; e o açúcar é para adoçar sua língua amarga".

Daquele dia em diante, o homem tornou-se tímido até consigo mesmo. Seu ódio pelo príncipe era maior do que nunca, e odiava ainda mais o bispo que lhe revelara o príncipe.

Mas, a partir de então, ficou calado.

Paz
e guerra

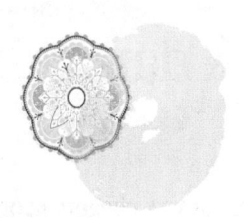

Três cachorros estavam se aquecendo ao sol e conversando. O primeiro cão disse, sonhador: "É realmente maravilhoso viver nestes dias de reinado canino. Considere a facilidade com que viajamos sob o mar, sobre a terra e até mesmo no céu. E medite por um momento sobre as invenções trazidas para o conforto dos cães, até mesmo para nossos olhos, ouvidos e narizes".

E o segundo cachorro falou: "Estamos mais atentos às artes. Latimos para a lua mais ritmicamente do que nossos antepassados. E quando nos olhamos na água, vemos que nossas feições são mais distintas do que as feições de ontem".

Então o terceiro cão disse: "Mas o que mais me interessa e seduz minha mente é o entendimento tranquilo que existe entre os reinados caninos".

Naquele exato momento, eles olharam, e eis que o homem da carrocinha estava se aproximando.

Os três cães saltaram e correram pela rua. Enquanto corriam, o terceiro cachorro disse: "Pelo amor de Deus, corram por suas vidas. A civilização está atrás de nós".

A dançarina

Uma vez, chegou à corte do príncipe de Birkasha uma dançarina com seus músicos. Ela foi admitida na corte e dançou diante do príncipe ao som da música do alaúde, da flauta e da cítara.

Ela dançou a dança das chamas e a dança das espadas e lanças, depois a dança das estrelas e a dança do espaço. Em seguida, dançou a dança das flores ao vento.

Depois disso, ela ficou diante do trono do príncipe e inclinou seu corpo diante dele. O príncipe mandou-a aproximar-se e disse-lhe: "Bela mulher, filha da graça e do deleite, de onde vem a tua arte? E como é que você comanda todos os elementos em seus ritmos e suas rimas?".

Então a dançarina se curvou novamente diante do príncipe e respondeu: "Poderosa e graciosa Majestade, não sei a resposta para suas perguntas. Só isto eu sei: a alma do filósofo mora em sua cabeça, a alma do poeta está no coração, a alma do cantor permanece em sua garganta, mas a alma da dançarina permanece em todo o seu corpo".

Os dois anjos da guarda

Em uma noite, dois anjos se encontraram no portão da cidade. Eles se cumprimentaram e começaram a conversar.

Um anjo disse: "O que você está fazendo nestes dias, e qual trabalho lhe deram?".

Então o outro respondeu: "Foi-me atribuído ser o guardião de um homem prostrado que vive no vale, um grande pecador, muito degradado. Deixe-me assegurar-lhe que é uma tarefa importante, e trabalho duro".

O primeiro anjo caído disse: "Essa é uma atribuição fácil. Muitas vezes conheci pecadores e muitas vezes fui seu guardião. Mas agora me foi designado ser o guardião do bom santo que mora em um caramanchão lá fora. E asseguro-lhe que é um trabalho extremamente difícil e muito sutil".

Disse o primeiro anjo: "Isso é apenas suposição. Como guardar um santo pode ser mais difícil do que guardar um pecador?".

O outro respondeu: "Que impertinência me
chamar de presunçoso! Apenas disse a verdade.
Acho que você que é presunçoso!".

Então os anjos começaram a brigar e a lutar,
primeiro com palavras e depois com punhos e asas.

Enquanto estavam lutando, um arcanjo apareceu.
Ele os parou e disse: "Por que vocês lutam? E
do que se trata? Vocês não sabem que é muito
impróprio que os anjos da guarda briguem no
portão da cidade? Diga-me, qual é o desacordo?".

Então os dois anjos falaram ao mesmo tempo, cada um
afirmando que o trabalho que lhe fora dado era o mais
difícil e que merecia maior reconhecimento.

O arcanjo balançou a cabeça e pensou.

Então disse: "Meus amigos, não posso dizer
agora qual de vocês tem maior direito à honra e à
recompensa. Mas, como o poder me é concedido,
portanto, pela paz e pela boa tutela, dou a cada um
a ocupação do outro, pois cada um de vocês insiste
que a tarefa do outro é a mais fácil. Agora vão
embora e sejam felizes no seu trabalho".

Os anjos assim ordenados seguiram seus
caminhos. Mas cada um olhou para trás com
mais raiva para o arcanjo. E, em seu coração,
cada um dizia: "Oh, esses arcanjos! Todos os

dias eles tornam a vida cada vez mais difícil para nós anjos!".

Mas o arcanjo estava lá, e mais uma vez ele ponderou. E pensou com seus botões: "De fato, temos de estar zelosos e vigiar nossos anjos da guarda".

A estátua

Certa vez, vivia um homem entre as colinas que possuía uma estátua feita por um velho mestre. Estava à sua porta com a cabeça virada para baixo, e ele não percebia isso.

Um dia, passou por sua casa um homem da cidade, um homem de conhecimento, e vendo a estátua perguntou ao dono se a venderia.

O dono riu e disse: "Por favor, quem iria querer comprar aquela pedra sem graça e suja?".

O homem da cidade disse: "Eu lhe darei esta moeda de prata por isso".

O outro homem ficou surpreso e encantado.

A estátua foi removida para a cidade, nas costas de um elefante. E depois de muitas luas, o homem das colinas visitou a cidade e, enquanto andava pelas ruas, viu uma multidão diante de uma loja, e um homem com uma magnífica voz clamava: "Entrai e vede a mais bela, a mais maravilhosa estátua em todo o mundo. Apenas duas moedas de prata para contemplar esta maravilhosa obra de um mestre".

Então o homem das colinas pagou duas moedas de prata e entrou na loja para ver a estátua que ele mesmo havia vendido por uma moeda de prata.

A troca

Certa vez, em uma encruzilhada, um Poeta pobre encontrou um rico Estúpido, e eles conversaram. Tudo o que disseram revelou apenas seu descontentamento.

Então o Anjo da Estrada passou e pôs a mão no ombro dos dois homens.

E eis que um milagre aconteceu: os dois
homens haviam agora trocado seus bens.

E eles se separaram. Mas é estranho relatar que
o Poeta olhou e não encontrou nada em sua mão
a não ser areia movediça seca e o Estúpido fechou
os olhos e não sentiu nada além de uma nuvem
movediça em seu coração.

Amor
e ódio

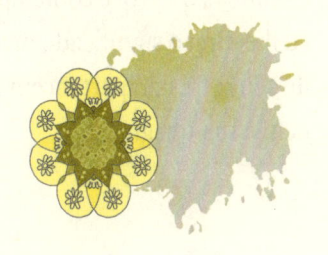

Uma mulher disse a um homem: "Eu te amo".
E o homem disse: "Está em meu coração ser
digno de seu amor".

Então a mulher disse: "Você não me ama?".

E o homem apenas olhou para ela e não disse nada.

Então a mulher esbravejou em voz
alta: "Eu te odeio".

E o homem disse: "Então também está em meu
coração ser digno de seu ódio".

Sonhos

Um homem teve um sonho e, quando acordou, dirigiu-se ao seu vidente e desejou que seu sonho fosse esclarecido.

E o adivinho disse ao homem: "Venha a mim com os sonhos que você contempla em sua vigília e eu lhe direi o significado deles. Mas os sonhos do seu sono não pertencem à minha sabedoria nem à sua imaginação".

O louco

Foi no jardim de um hospício que conheci um jovem com um lindo rosto pálido e cheio de admiração. Sentei-me no banco ao seu lado e disse: "Por que você está aqui?".

Ele olhou para mim com espanto e disse: "É uma pergunta imprópria, mas vou te responder. Meu pai queria fazer de mim uma reprodução de si mesmo; o mesmo acontecia com meu tio. Minha mãe queria que eu tivesse a imagem de seu marido

marinheiro como exemplo perfeito para seguir.
Meu irmão achava que eu deveria ser como
ele, um bom atleta".

"E meus professores também, o doutor em filosofia,
o mestre de música e o lógico, eles também estavam
determinados, e cada um queria que eu fosse
apenas um reflexo no espelho de seu próprio rosto."

"Por isso vim para este lugar. Acho mais sensato
aqui. Pelo menos, posso ser eu mesmo."

Então, de repente, virou-se para mim e perguntou:
"Mas, diga-me, você também foi trazido a este lugar
por educação e bons conselhos?".

E eu respondi: "Não, sou um visitante".

E ele respondeu: "Ah, você é um daqueles que
moram no hospício do outro lado do muro".

As rãs

Em um dia de verão, uma rã disse a sua
companheira: "Temo que as pessoas que moram
naquela casa na praia sejam perturbadas por
nossas canções noturnas".

E sua companheira respondeu: "Bem, elas não incomodam nosso silêncio durante o dia com suas conversas?".

A rã disse: "Não esqueçamos que cantamos bastante à noite".

E sua companheira respondeu: "Não esqueçamos que elas tagarelam e gritam muito durante o dia".

Disse a rã: "E que tal a rã-touro que faz barulho e grita muito durante o dia?".

Disse a rã: "E que tal a rã-touro que perturba toda a vizinhança com seu horroroso ruído estridente?".

E sua companheira respondeu: "Sim, e o que você me diz sobre o político, o padre e o cientista que vêm a estas margens e enchem o ar com um som barulhento e sem rima?".

Então a rã disse: "Bem, vamos ser melhores do que esses seres humanos. Fiquemos quietos à noite e guardemos nossas canções em nossos corações, mesmo que a lua chame nosso ritmo e as estrelas, nossa rima. Pelo menos, vamos ficar em silêncio por uma noite ou duas, ou até mesmo por três noites".

E sua companheira disse: "Muito bem, eu concordo. Veremos o que seu coração generoso irá gerar".

Naquela noite, as rãs ficaram em silêncio. Ficaram em silêncio na noite seguinte também, e novamente na terceira noite.

O mais estranho é que a mulher falante, que morava na casa à beira do lago, desceu para o café da manhã naquele terceiro dia e gritou para o marido: "Não dormi estas três noites. Eu pegava no sono quando o barulho das rãs chegava ao meu ouvido. Mas algo deve ter acontecido. Elas não cantam há três noites e estou quase enlouquecendo de insônia".

A rã ouviu isso e virou-se para sua companheira e disse, piscando o olho: "E nós quase enlouquecemos com o nosso silêncio, não foi?".

E sua companheira respondeu: "Sim, o silêncio da noite foi aflitivo para nós. E posso ver agora que não há necessidade de pararmos de cantar para o conforto daqueles que precisam preencher seu vazio com barulho".

E naquela noite a lua não chamou em vão pelo seu ritmo nem as estrelas pela sua rima.

Leis
e legislação

Há muito tempo, havia um rei grandioso, que era sábio. Ele desejava estabelecer leis para seus súditos.

Convocou mil sábios de mil tribos diferentes para sua assembleia legislativa e delineou as leis.

E todas passaram.

Mas, quando as mil leis escritas em pergaminho foram apresentadas ao rei e ele as leu, sua alma chorou amargamente, pois não sabia que havia mil formas de crime em seu reino.

Então chamou seu escriba e, com um sorriso na boca, ele mesmo ditou leis. E suas leis eram apenas sete.

Os mil sábios foram embora com raiva para suas tribos com as leis que haviam estabelecido. E cada tribo seguiu as leis de seus sábios.

Portanto, eles têm mil leis até os nossos dias.

É um grande país, mas tem mil prisões, e as prisões estão cheias de mulheres e homens, violadores de mil leis.

É de fato um grande país, mas seu povo é descendente de mil legisladores e de apenas um rei sábio.

Ontem,
hoje e amanhã

Eu disse ao meu amigo: "Você a vê encostada no braço daquele homem. Foi apenas ontem que ela encostou assim em meu braço".

E meu amigo completou: "E amanhã ela vai se encostar no meu".

Eu disse: "Contemple-a sentada bem perto dele. Foi apenas ontem que ela se sentou perto de mim".

E ele respondeu: "Amanhã ela se sentará ao meu lado".

E eu acrescentei: "Veja, ela bebe vinho da taça dele, e ontem ela bebeu da minha".

E ele afirmou: "Amanhã, do meu cálice".

Então eu disse: "Veja como ela olha para ele com amor e com olhos submissos. Ontem ela olhou assim para mim".

E meu amigo completou: "Será para mim que ela olhará amanhã".

Eu continuei: "Você não a ouve agora murmurando canções de amor em seus ouvidos? Essas mesmas canções de amor ela murmurou ontem em meus ouvidos".

E meu amigo afirmou: "E amanhã ela vai murmurá-las no meu".

Então disse: "Olhe, ela o está abraçando. Foi ontem que ela me abraçou".

E meu amigo disse: "Ela vai me abraçar amanhã".

Então eu disse: "Que mulher estranha".

Mas ele concluiu: "Ela é semelhante à vida, possuída por todos os homens; e como a morte, conquista todos os homens; e, como a eternidade, envolve todos os homens".

O filósofo
e o sapateiro

Um filósofo com sapatos gastos chegou à loja de um sapateiro. E o filósofo disse ao sapateiro: "Por favor, conserte meus sapatos".

E o sapateiro disse: "Estou consertando os sapatos de outro homem agora, e ainda há outros sapatos para consertar antes que possa arrumar o seu. Mas deixe seus sapatos aqui e use este outro par hoje, e venha amanhã para buscar o seu".

Então o filósofo ficou indignado e disse: "Não uso sapatos que não sejam meus".

Então o sapateiro concluiu: "Bem, então, você é realmente um filósofo e não pode envolver seus pés com os sapatos de outro homem? Nesta mesma rua, há outro sapateiro que entende de filósofos melhor do que eu. Vá até ele para consertar seus sapatos".

Construtores de pontes

Em Antioquia, onde o rio Assi vai ao encontro do mar, foi construída uma ponte para aproximar as duas metades da cidade. Foi erguida com grandes pedras trazidas das colinas, nas costas das mulas de Antioquia.

Quando a ponte foi concluída, sobre um pilar foi gravado em grego e em aramaico: "Esta ponte foi construída pelo rei Antíoco II".

E todo o povo atravessava a ponte sobre o belo rio Assi.

Em uma noite, um jovem, considerado por alguns um pouco louco, desceu ao pilar onde as palavras estavam gravadas, cobriu a gravura com carvão e acima dela escreveu: "As pedras desta ponte foram trazidas das colinas pelas mulas. Ao passar por ela, vocês estão cavalgando nas costas das mulas de Antioquia, construtoras desta ponte".

Quando o povo leu o que o jovem havia escrito, alguns riram e alguns ficaram maravilhados. E alguns diziam: "Ah, sim, sabemos quem fez isso. Ele não é um pouco louco?".

Mas uma mula disse, rindo, para outra mula: "Você não se lembra que nós realmente carregamos aquelas pedras? E, no entanto, até agora foi dito que a ponte foi construída pelo rei Antíoco".

O campo
de Zaad

Na estrada de Zaad, um viajante encontrou um homem que morava em uma aldeia próxima, e o viajante, apontando com a mão para um vasto campo, perguntou ao homem dizendo: "Não era este o campo de batalha onde o rei Ahlam venceu seus inimigos?".

E o homem respondeu: "Este nunca foi um campo de batalha. Houve uma vez neste campo a grande cidade de Zaad, que foi reduzida a cinzas. Mas agora é um bom campo, não é?".

E o viajante e o homem se separaram.

A menos de 800 metros, o viajante encontrou outro homem e, apontando novamente para o campo, disse: "Então era ali que ficava a grande cidade de Zaad?".

E o homem disse: "Nunca houve uma cidade neste lugar. Mas uma vez havia um mosteiro aqui, que foi destruído pelo povo do sul".

Pouco depois, naquela mesma estrada de Zaad, o viajante encontrou um terceiro homem e, apontando mais uma vez para o vasto campo, disse: "Não é verdade que este é o lugar onde antes havia um grande mosteiro?".

Mas o homem respondeu: "Nunca houve um mosteiro nesta vizinhança, mas nossos pais e nossos antepassados nos disseram que uma vez caiu um grande meteoro neste campo".

Então o viajante continuou andando e se perguntando. Então encontrou um homem muito velho e, cumprimentando-o, disse: "Senhor, nesta estrada encontrei três homens que moram na vizinhança e perguntei a cada um deles sobre este campo, e cada um negou o que o outro havia dito, contando uma nova história, que o outro não havia contado".

Então o velho levantou a cabeça e respondeu: "Meu amigo, cada um desses homens lhe disse o que realmente era; mas poucos de nós são capazes de acrescentar fato a um fato diferente e torná-lo verdade".

O cinturão de ouro

Era uma vez dois homens que se encontraram na estrada caminhando juntos em direção a Salamina, a Cidade das Colunas. No meio da tarde, chegaram a um rio largo, e não havia ponte para atravessá-lo. Eles precisavam nadar ou procurar outro caminho desconhecido para eles.

Então falaram: "Vamos nadar. Afinal, o rio não é tão largo". E se jogaram na água e nadaram.

E um dos homens, que conhecia os rios e os caminhos dos rios, de repente, começou a se perder no meio da corrente e a ser levado pelas águas impetuosas. Enquanto o outro, que nunca havia nadado antes, atravessou o rio direto e parou na outra margem. Então, vendo seu companheiro ainda lutando com o riacho, se atirou novamente nas águas e o trouxe também em segurança para a praia.

Daí o homem que foi arrastado pela corrente disse: "Mas você me contou que não sabia nadar. Como então cruzou aquele rio com tanta segurança?".

O segundo homem respondeu: "Meu amigo, vê este cinto que me circunda? Está cheio de moedas de ouro que ganhei para minha esposa e meus filhos por um ano inteiro de trabalho. É o peso deste cinto de ouro que me carregou através do rio, até minha esposa e meus filhos. E minha esposa e meus filhos estavam sobre meus ombros enquanto eu nadava".

E os dois homens caminharam juntos em direção a Salamina.

A terra vermelha

Disse uma árvore a um homem: "Minhas raízes estão nas profundezas da terra vermelha, e eu te darei do meu fruto".

E o homem disse à árvore: "Como somos parecidos. Minhas raízes também estão nas profundezas da terra vermelha. E a terra vermelha te dá poder para me dar do teu fruto, e a terra vermelha me ensina a receber de ti com agradecimento".

A lua
cheia

A lua cheia subiu em glória sobre a cidade,
e todos os cães daquela cidade começaram a
latir para a lua.

Apenas um cão não latiu, e ele lhes disse com voz grave: "Não despertem a quietude do sono dela nem tragam a lua para a terra com seus latidos".

Então todos os cães pararam de latir, em um silêncio terrível. Mas o cachorro que havia falado com eles continuou latindo, pedindo silêncio pelo resto da noite.

O profeta
eremita

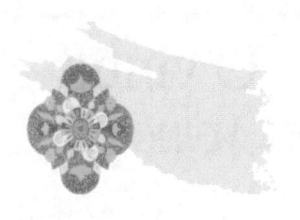

Antigamente, lá na colina vivia um profeta eremita, e três vezes por semana ele descia à grande cidade e pregava compartilhando com o povo nas praças do mercado. Ele era eloquente, e sua fama espalhou-se pela terra.

Certa noite, três homens foram ao seu eremitério, e ele os cumprimentou. Então disseram: "Você vem pregando e compartilhando, e tem procurado ensinar aqueles que têm muito para dar aos que têm pouco, e não duvidamos que sua fama lhe tenha trazido riquezas. Agora venha e nos dê de suas riquezas, pois estamos em necessidade".

E o eremita respondeu: "Meus amigos, não tenho nada além desta cama, desta esteira e deste jarro de água. Leve-os se desejar. Não tenho ouro nem prata".

Então eles o desprezaram com desdém e viraram-lhe os rostos. O último homem ficou na porta por um momento e disse: "Oh, você trapaceia! Sua fraude! Você ensina e prega o que você mesmo não realiza".

O vinho *velho*

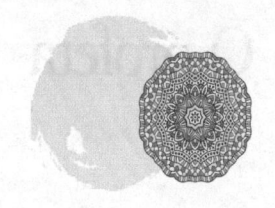

Era uma vez um homem rico que se orgulhava de sua adega e do vinho que havia nela. E havia uma botija de safra antiga guardada para alguma ocasião que fosse especial.

O governador do estado o visitou, e ele pensou: "Esse vinho não deve ser aberto para um mero governador".

Um bispo da diocese o visitou, mas ele disse para si mesmo: "Não, não vou abrir esse vinho. Ele não saberia seu valor, nem seu aroma chegaria às suas narinas".

O príncipe do reino veio e jantou com ele. Mas ele pensou: "É um vinho muito real para um mero principezinho".

E mesmo no dia em que seu próprio sobrinho se casou, disse a si mesmo: "Não, não será para esses convidados aquela botija".

E os anos se passaram, ele morreu um homem velho e foi sepultado como qualquer semente e qualquer grão.

E no dia em que foi enterrado, a botija antiga foi trazida junto com outras botijas de vinho, e foi compartilhada pelos camponeses da vizinhança.

E ninguém conhecia sua grandiosa idade.

Para eles, tudo o que é derramado em um copo é apenas vinho.

Os dois poemas

Muitos séculos atrás, em uma estrada para Atenas, dois poetas se encontraram e ficaram felizes em se ver.

Um poeta perguntou ao outro dizendo: "O que você tem composto ultimamente, e como vai com sua lira?".

O outro poeta respondeu com orgulho: "Acabei agora o maior dos meus poemas, talvez o maior poema já escrito em grego. É uma invocação a Zeus, o Supremo".

Então tirou de debaixo do manto um pergaminho, dizendo: "Veja, eu o tenho aqui comigo e gostaria de lê-lo para você. Venha, vamos sentar-nos à sombra daquele cipreste branco".

Daí o poeta leu seu poema, que era longo.

E o outro poeta disse com bondade: "Este é um grande poema. Ele viverá através dos tempos, e nele você será glorificado".

O primeiro poeta disse calmamente: "E o que você tem escrito nesses últimos dias?".

O outro respondeu: "Tenho escrito pouco. Apenas oito linhas em memória de uma criança brincando em um jardim". E recitou as linhas.

O primeiro poeta disse: "Não é tão ruim; não é tão ruim"".

E se separaram.

E agora, depois de dois mil anos, as oito linhas de um único poeta são lidas em todas as línguas, e são amadas e queridas.

E, embora o outro poema tenha de fato vivido através dos tempos nas bibliotecas e nas celas dos estudiosos, e embora seja lembrado, não é amado nem lido.

Lady Ruth

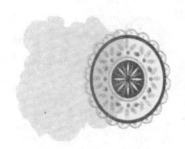

Uma vez, três homens observavam de longe uma casa branca que ficava sozinha em uma colina verde. Um deles disse: "Essa é a casa de Lady Ruth. Ela é uma bruxa velha".

O segundo homem disse: "Você está errado. Lady Ruth é uma bela mulher que vive ali consagrada aos seus sonhos".

O terceiro homem disse: "Vocês dois estão errados. Lady Ruth é a proprietária desta vasta terra, e ela tira sangue de seus servos".

E continuaram discutindo sobre Lady Ruth. Então, quando chegaram a uma encruzilhada, encontraram um velho, e um deles perguntou a ele dizendo: "Você poderia nos contar sobre Lady Ruth, que mora naquela casa branca na colina?".

O velho ergueu a cabeça, sorriu para eles e disse: "Tenho noventa anos, e me lembro de Lady Ruth quando eu era apenas um menino. Mas Lady Ruth morreu há oitenta anos, e agora a casa está vazia. As corujas piam lá, às vezes, e as pessoas dizem que o lugar é assombrado".

O rato
e o gato

Certa noite, um poeta encontrou um camponês. O poeta era distante, e o camponês era tímido, mesmo assim eles conversaram.

O camponês disse: "Deixe-me contar uma pequena história que ouvi recentemente. Um rato foi pego em uma armadilha e, enquanto estava comendo alegremente o queijo que lá estava, um gato observava. O rato estremeceu um pouco, mas sabia que estava seguro dentro da armadilha.

"Então o gato disse: 'Você está comendo sua última refeição, meu amigo.'

"'Sim', respondeu o rato, 'tenho uma vida, portanto, uma morte. Mas, e você? Eles me disseram que você tem nove vidas. Isso não significa que terá de morrer nove vezes?'"

E o camponês olhou para o poeta e disse: "Esta não é uma história estranha?"

O poeta não lhe respondeu, mas foi embora dizendo em sua alma: "Com certeza, nove vidas nós temos, nove vidas com certeza. E morreremos nove vezes, nove vezes morreremos. Talvez fosse melhor ter apenas uma vida, preso em uma armadilha – a vida de um camponês com um pouco de queijo para a última refeição. E, ainda assim, não somos parentes dos leões do deserto e da selva?".

A maldição

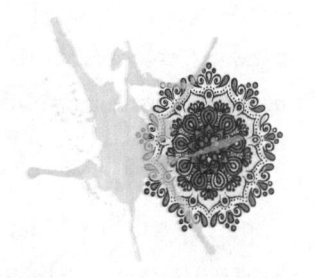

Um velho do mar me disse uma vez: "Foi há trinta anos que um marinheiro fugiu com minha filha. Amaldiçoei os dois em meu coração, pois minha filha era o que eu mais amava em todo mundo.

"Pouco depois disso, o jovem marinheiro afundou com seu navio, e com ele perdi minha linda filha.

"Assim, portanto, veja em mim o assassino de um jovem e de uma donzela. Foi minha maldição que os destruiu. E agora, a caminho do túmulo, busco o perdão de Deus".

Isso foi o que o velho disse. Mas havia um tom de jactância em suas palavras, e parece que ele ainda se orgulha do poder de sua maldição.

As romãs

Era uma vez um homem que tinha muitas romãzeiras em seu pomar. Por muitos outonos, colocou suas romãs em bandejas prateadas do lado de fora de sua residência e, nas bandejas, colocava avisos que ele mesmo escrevia: "Pegue uma sem pagar nada. Não precisa me agradecer".

Mas as pessoas passavam e ninguém pegava a fruta.

Depois de refletir, o homem decidiu que naquele outono não colocaria as romãs em bandejas prateadas fora de sua casa, mas uma placa com letras grandes: "Aqui temos as melhores romãs dessa terra, mas são mais caras do que qualquer outra romã".

Não é que agora todos os homens e mulheres do bairro vêm correndo comprar.

Deus e
muitos Deuses

Na cidade de Kilafis, um sofista permanecia nos degraus do Templo e pregava muitos deuses. As pessoas pensavam consigo mesmas: "Sabemos de tudo isso. Eles não vivem conosco e nos seguem aonde quer que vamos?".

Não muito tempo depois, outro homem estava no mercado e falou ao povo: "Não há deus". E muitos que o ouviram ficaram contentes com essa notícia, pois temiam os deuses.

E em outro dia veio um homem de grande eloquência e disse: "Há apenas um Deus". Nesse momento, o povo ficou consternado, pois em seus corações temiam o julgamento de um Deus mais do que o de muitos deuses.

Naquela mesma época, veio outro homem, que disse ao povo: "Há três deuses, que habitam o vento como um só e têm uma mãe vasta e graciosa que também é sua companheira e irmã".

Sendo assim, todos ficaram calmos, pois disseram em segredo: "Três deuses em um devem discordar sobre nossas falhas e, além disso, sua graciosa mãe certamente será uma advogada para nós, pobres fracos".

No entanto, até hoje há aqueles na cidade de Kilafis que discutem sem parar entre si sobre muitos deuses e nenhum deus, e um deus e três deuses em um, e uma graciosa mãe de deuses.

Ela que
era surda

Era uma vez um homem rico que tinha uma jovem esposa, que era surda como uma pedra.

Em uma manhã, quando estavam tomando o café da manhã, ela disse para ele: "Ontem visitei a praça do mercado, e havia roupas de seda de Damasco expostas, capas da Índia, colares da Pérsia e pulseiras de Yamman. Parece que as caravanas só trouxeram essas coisas para nossa cidade. E agora eis-me, em andrajos, mesmo sendo a mulher de um homem rico. Gostaria de ter algumas dessas coisas bonitas".

O marido, ainda ocupado com seu desjejum, disse: "Minha querida, não há motivo para você não descer à rua e comprar tudo o que seu coração desejar".

E a esposa surda disse: "'Não!' Você sempre diz: 'Não, não'. Devo aparecer em frangalhos entre nossos amigos para humilhar sua riqueza e meu povo?"

O marido retrucou: "Eu não disse: 'Não'. Você pode ir livremente ao mercado e comprar as mais belas roupas e joias que chegaram à nossa cidade".

Mas, novamente, a esposa interpretou mal suas palavras e respondeu: "De todos os homens ricos, você é o mais avarento. Você me negaria tudo de beleza e encanto, enquanto outras mulheres da minha idade andam pelos jardins da cidade vestidas com roupas ricas".

E ela começou a chorar. E quando suas lágrimas caíram sobre seu peito, ela gritou novamente: "Você sempre diz 'Não, não' para mim quando desejo uma roupa ou uma joia".

Então o marido se comoveu, levantou-se e tirou da bolsa um punhado de ouro e o colocou diante dela, dizendo com voz gentil: "Vá ao mercado, minha querida, e compre tudo o que quiser".

Daquele dia em diante, a jovem surda, sempre que desejava alguma coisa, aparecia diante do marido com uma lágrima perolada nos olhos, e ele em silêncio pegava um punhado de ouro e colocava no colo dela.

Agora está tudo mudado. A jovem mulher se apaixonou por um moço cujo hábito era fazer longas viagens. E sempre que ele estava fora, ela se sentava à sua janela e chorava.

Quando o marido a encontrava chorando, pensava consigo mesmo: "Deve haver alguma caravana nova, roupas de seda e joias raras na rua".

Então pegava um punhado de ouro e o colocava diante dela.

A busca

Mil anos atrás, dois filósofos se encontraram em uma encosta no Líbano, e um disse ao outro: "Para onde vai?".

E o outro respondeu: "Procuro a fonte da juventude que jorra nestas colinas. Encontrei escritos que falam dessa fonte florescendo em direção ao sol.
E você, o que está procurando?".

O primeiro homem respondeu: "Estou procurando o mistério da morte".

Em seguida, cada um dos dois filósofos compreendeu que o outro não estava dispondo de sua magnífica ciência. Começaram a disputar e a acusar um ao outro de cegueira espiritual.

Nesse momento, enquanto os dois filósofos estavam estrondosamente discutindo, um estranho, um homem que era considerado um simplório em sua própria aldeia, passou e, quando ouviu os dois em acalorada disputa, parou por um tempo e ouviu a discussão.

Então ele se aproximou deles e disse: "Meus bons homens, parece que vocês dois realmente pertencem à mesma escola de filosofia e estão falando da mesma coisa, só que falam com palavras diferentes. Um de vocês busca a fonte da juventude, e o outro busca o mistério da morte. No entanto, de fato, são apenas um, e como eles habitam em vocês dois".

Então o estranho se virou dizendo: "Adeus, sábios". E, ao partir, deu uma risada paciente.

Os dois filósofos se entreolharam em silêncio por um momento e depois riram também. E um deles disse: "Bem, agora, devemos prosseguir a caminhada por essa busca juntos".

O cetro

Disse um rei para sua esposa: "Madame, você não é verdadeiramente uma rainha. Você é muito vulgar e deselegante para ser minha companheira".

Disse sua esposa: "Senhor, você se considera rei, mas, na verdade, você é apenas um pobre homem".

Imediatamente essas palavras irritaram o rei, que pegou seu cetro e golpeou a rainha na testa com seu cetro de ouro.

Nesse momento, entrou o camareiro e disse: "Ora, ora, Majestade! Aquele cetro foi feito pelo maior artista da terra. Lamentavelmente, algum dia você e a rainha serão esquecidos, mas este belo cetro será guardado por gerações. E agora que você tirou sangue da cabeça de sua majestade, senhor, o cetro será mais considerado e lembrado".

O caminho

Uma mulher e seu filho, que era seu primogênito e único filho, viviam entre as colinas.

E o menino morreu de febre enquanto o médico estava de plantão.

A mãe ficou transtornada de tristeza, e gritou para o médico e implorou-lhe dizendo: "Diga-me, diga-me, o que foi que fez calar sua batalha e silenciar sua canção?".

O médico disse: "Foi a febre".

E a mãe perguntou: "O que é febre?"

O médico respondeu: "Não sei explicar. É uma
coisa infinitamente pequena que visita o corpo, e
não podemos vê-la com o olho humano".

Em seguida, o médico partiu. E ela ficava repetindo
para si mesma: "Algo infinitamente pequeno.
Não podemos ver com nosso olho humano".

E à noite o padre veio consolá-la. Ela chorou e gritou
dizendo: "Oh, por que perdi meu filho, meu único filho,
meu primogênito?".

E o padre respondeu: "Minha filha, foi a vontade de Deus".

A mulher inquiriu: "O que é Deus e onde está Deus?
Gostaria de ver Deus para rasgar meu peito diante
Dele e derramar o sangue do meu coração a Seus pés.
Diga-me onde O encontrarei".

E o padre respondeu: "Deus é infinitamente amplo.
Ele não deve ser visto com nossos olhos humanos".

Então a mulher gritou: "O infinitamente pequeno
matou meu filho pela vontade do infinitamente
grande! Então o que somos? O que nós somos?".

Nesse momento, a mãe da mulher entrou no quarto
com a mortalha para o menino morto e ouviu as
palavras do padre e o choro da filha. Ela colocou o

sudário, pegou a mão de sua filha em sua própria mão e disse: "Minha filha, nós mesmos somos os infinitamente pequenos e os infinitamente grandes e somos o caminho entre os dois".

A baleia
e a borboleta

Certa vez, um homem e uma mulher encontraram-se juntos numa diligência. Eles já haviam se conhecido antes.

O homem era poeta e, sentado ao lado da mulher, procurava entretê-la com histórias, algumas de sua autoria, outras que não eram suas.

Mas, mesmo enquanto ele falava, a senhora adormeceu. Então, de repente, a carruagem deu um solavanco, ela acordou e disse: "Admiro sua interpretação da história de Jonas e a baleia".

E o poeta retrucou: "Mas, senhora, eu venho lhe contando uma história minha sobre uma borboleta e uma rosa branca, e como elas se comportavam uma com a outra!".

A sombra

Em um dia de junho, a grama disse à sombra de um olmo: "Você se move para a direita e para a esquerda com frequência e perturba minha paz".

E a sombra respondeu: "Eu não, eu não. Olhe para o céu. Há uma árvore que se move ao vento para o leste e para o oeste, entre o sol e a terra".

Então a grama olhou para cima e, pela primeira vez, viu a árvore. E do fundo de seu coração disse: "Ora, eis que há uma grama maior do que eu".

Em seguida, a grama ficou silenciosa.

Paz contagiosa

Um galho em flor disse ao galho vizinho: "Este é um dia monótono e vazio". E o outro galho respondeu: "Está realmente vazio e sem graça".

Nesse momento, um pardal pousou num dos ramos, e outro pardal, ali perto.

Um dos pardais gorjeou e disse: "Meu companheiro me deixou".

E o outro pardal gritou: "Minha companheira também se foi e não vai voltar. E que me importa?".

Então os dois pássaros começaram a chilrear e a resmungar. Logo estavam brigando e fazendo algazarra.

De repente, dois outros pardais, que vieram deslizando do céu, se sentaram quietos ao lado dos dois inquietos. E houve calma, e houve paz.

Em seguida, os quatro voaram juntos em pares.

O primeiro galho disse ao galho vizinho: "Foi um poderoso ziguezague de som".

E o outro ramo respondeu: "Chame como quiser, agora está espaçoso e pacífico. E se a parte superior está em paz, parece-me que aqueles que moram no inferior também podem fazer a paz. Você não vai balançar o vento para um pouco mais perto de mim?".

E o primeiro galho disse: "Oh, talvez, pela paz, antes que a primavera termine".

Então ele sacudiu com mais força o vento para abraçar a primavera.

Setenta

O jovem poeta disse à princesa: "Eu te amo". E a princesa respondeu: "Eu também te amo, meu filho".

"Mas, não sou seu filho. Sou um homem e te amo."

Ela retrucou: "Sou mãe de diversos filhos, e eles são pais e mães de diversos filhos; e um dos filhos dos meus filhos é mais velho do que você".

E o jovem poeta retrucou: "Mas, eu te amo".

Não demorou muito para que a princesa morresse. Mas, antes que seu último suspiro fosse recebido novamente pelo maior sopro da terra, ela disse dentro de sua alma: "Meu amado, meu único filho, meu jovem poeta, pode ser que algum dia nos encontremos novamente, e eu não estarei com setenta".

Encontrar Deus

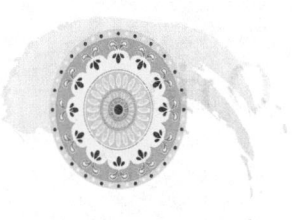

Dois homens estavam andando no vale, e um apontou com o dedo para o lado da montanha e disse: "Você está vendo aquele eremitério? Lá vive um homem que há muito tempo se distanciou do mundo. Ele busca apenas a Deus, e nada mais nesta terra".

O outro homem disse: "Ele não encontrará Deus até que deixe seu eremitério, a solidão de seu eremitério e retorne ao nosso mundo para compartilhar nossa alegria e dor, dançar com nossos dançarinos na festa de casamento e chorar com os que choram em volta dos caixões dos nossos mortos".

Embora o outro homem estivesse convencido no fundo de seu coração, apesar de sua convicção, respondeu: "Concordo com tudo o que você diz, mas acredito que o eremita é um bom homem.
E não seria possível que um homem bom, por estar isolado, faça melhor do que a aparente bondade desses muitos homens?".

O rio

No vale de Kadisha, onde corre um rio caudaloso, dois pequenos riachos se encontraram e falaram um com o outro.

Um riacho disse: "Como você veio, meu amigo, e como foi seu caminho?".

E o outro respondeu: "Meu caminho foi um dos mais complicados. A roda do moinho quebrou, e o agricultor, que costumava desviar meu canal para suas plantas, está morto. Pelejei para descer ao sol, escorrendo com extrema preguiça. Mas, como foi seu caminho, meu irmão?".

E o outro córrego respondeu: "O meu foi diferente. Desci as colinas entre flores perfumadas e salgueiros tímidos; homens e mulheres bebiam de mim com taças prateadas, e criancinhas batiam seus pés rosados em minhas bordas. Havia risadas em volta de mim, e havia canções doces. Que pena que seu caminho não foi tão feliz".

Nesse momento, o rio falou em voz alta: "Entrem, entrem, vamos para o mar. Entrem, entrem, não falem mais. Fiquem comigo agora. Estamos indo para o mar. Entrem, entrem, pois em mim vocês esquecerão suas andanças, tristes ou alegres. Entrem, entrem. Então vocês e eu esqueceremos todos os nossos caminhos quando chegarmos ao coração de nossa mãe, o mar".

Os dois
caçadores

Em um dia de maio, a Alegria e a Tristeza se encontraram à beira de um lago. Elas se cumprimentaram, sentaram-se perto das águas calmas e conversaram.

A Alegria falava da beleza que há sobre a terra, da maravilha diária da vida na floresta e entre as colinas e das canções ouvidas ao amanhecer e ao entardecer.

E a Tristeza falou, e concordou com tudo o que a Alegria havia dito, já que a Tristeza conhecia a magia e a beleza desse momento. E a Tristeza foi eloquente quando falou de maio nos campos e entre as colinas.

E a Alegria e a Tristeza conversaram longamente, concordando em todas as coisas que sabiam.

Naquele momento, dois caçadores passavam do outro lado do lago. E, enquanto olhavam para o outro lado da água, um deles disse: "Eu me pergunto quem são essas duas pessoas". E o outro disse: "Você disse duas? Eu vejo apenas uma".

O primeiro caçador disse: "Mas, são duas". E o segundo disse: "Há apenas uma que posso ver, e o reflexo no lago é apenas uma".

"Não, são duas", disse o primeiro caçador, "o reflexo na água parada é de duas pessoas."

Mas o segundo homem disse novamente: "Só vejo uma". E novamente o outro disse: "Mas eu vejo tão claramente duas".

E até hoje um caçador diz que o outro vê em dobro; enquanto o outro diz: "Meu amigo é um pouco cego".

O outro
viajante

Certa vez, conheci um outro homem das estradas, que também estava um pouco irado, e assim me falou:

"Sou um andarilho. Muitas vezes, parece que ando pela terra entre pigmeus. Como minha

cabeça é setenta côvados mais distante da
terra do que a deles, ela cria pensamentos mais
elevados e mais livres.

"Mas, na verdade, eu não ando entre os homens, mas acima deles, e tudo o que eles podem ver de mim são minhas pegadas em seus campos.

"Muitas vezes eu os ouvi discutir e discordar sobre a forma e o tamanho das minhas pegadas. Pois há alguns que dizem: 'Estas são as pegadas de um mamute que percorria a terra no passado distante'. E outros dizem: 'Não, estes são lugares onde meteoros caíram das estrelas distantes'.

"Mas, você, meu amigo, você sabe muito bem que elas não são nada além do que as pegadas de um andarilho."